自《じ》然《ねん》の哲《てつ》学《がく》

おカネに支配された心を解放する里山の物語

高野雅夫＝著

図書出版
ヘウレーカ

はじめに

私は名古屋大学大学院環境学研究科の教員として、持続可能な中山間地域づくりをテーマに研究・実践を行ってきた。主に東海地方の農山村をフィールドとして、地元の住民や行政の皆さんとともに地域の課題を明らかにし、地域の将来を展望し、地域と里山の再生を実現するために若者の移住支援を中心とした実践に取り組んできた。

最近、ＳＤＧｓ《エスディジーズ》（Sustainable Development Goals〈持続可能な開発目標〉）の普及もあって、サステナブル、つまり持続可能という言葉が広く知られるようになったが、私が研究を始めた今から20年前には、田舎を持続可能にするといっても、過疎が進む中でその展望はまったく見えなかった。ところが、２０１０年くらいから都市で生まれ育った30代を中心とする若い人たちが田舎に移住する動きがはっきり見えてきた。昨今では移住ブームともいわれる状況になっている。これで田舎を持続可能にする展望が開けてきたところだ。

私は仕事柄、たくさんの移住者たちと対話を重ねてきた。そしてその中から多くのことを学んだ。「何もない」と思われていた田舎に移住してくる人は、ここには「必要なものはすべてある」と感じている。これは大げさにいえば世界観の転換だ。世界観を論理的に表現したものが哲学なので、これは哲学の転換といってよいだろう。そんな彼らと触れ合ううちに、私は若い移住者たちの姿や考え方・感じ方に、持続可能な社会をつくる心のあり方についてのヒントがあるのではないかと感じるようになった。つまり、里山という場所が、今日求められる哲学の転換にとって、それを醸し出す発酵槽のような役割をする場所であると考えるようになった。

2013年に藻谷浩介氏の『里山資本主義』がベストセラーになった影響もあって、里山という言葉は多くの人が知ることになったが、あらためて定義すると、人間が草を刈ったり木を伐《き》ったりして自然に介入することによって成立した生態系とその景観のことを指す。鎌倉・室町時代に山間部に人々が開拓に入ることで始まり、江戸時代に政治的・社会的に安定した村が成立した時に確立したといえるだろう。そこでは人々は百姓として、基本的には自給自足で暮らし、おカネをほとんど必要としなかった。

自然や生き物との関係もいまとは大きく異なる。人間も他の野生の動植物と同等の里山の一構成員だった。百姓は作物と対話し、漁師は魚と知恵比べをし、人々は時に狐や狸に化かされるほど、人間と他の生き物たちの密な交渉があった。

また山は山神様、水神様としてそれ自体が信仰の対象だった。人間が愚かな行動をすれば、その罰として山は崩れ洪水や渇水となると信じられた。その神を鎮め、「何事もない」ことに感謝するために春秋のお祭りが欠かさず行われた。それは生態系の一員としての暮らしを成り立たせるための合理的な心の持ち方であり、地域社会のあり方だった。

しかし、戦後の高度経済成長期を経て、私たちの暮らしは山の生態系に頼ることがなくなった。炭は石油に、山の草は化学肥料にとって代わられ、食べ物や木材は自動車を輸出するのと引き換えに海外から輸入され、人間そのものが山を捨てて都会に出て行った。その結果として私たちは他の生き物との交感も、山への信仰心も失った。人の手が入らない里山は荒れ果て、最近では山の木々が皆伐され、おびただしい数のソーラーパネルが並んだりしている。

そんなふうに破壊されつつある里山だが、それでもまだ、そこには可能性があると私は思っている。その理由は本文のなかで明らかにしていくが、私自身も移住者となったことでさらにその確信を深めた。移住先は、研究フィールドの一つであった岐阜県恵那市飯地町《えなしいいじちょう》である。ミイラ取りがミイラになった形だ。目の前に棚田があり裏に森がある、まさに里山の一角に住居をさだめ、地域コミュニティの一員としても暮らしている。その暮らしの中で、文献でしか知らなかったことが、現実として展開されている様子にワクワクした。と同時に、まだ文献に書かれていないたくさんの大事なものがあることに気づいた。

２０２０年、新型コロナウイルスの感染拡大で生活が一変し、私はさらにこの里山暮らしにどっぷりとつかることになった。在宅勤務が普通になり、学会やさまざまなイベントが中止された結果、平日の夕方に家の仕事ができるようになり、休日には自宅で過ごすことが増えた。目の前の里山にはやることがいっぱいだ。草刈り、畑仕事、山菜採り、木の伐採に薪割り、小屋作り、道の整備、雪かき、家のメンテナンスに農業機械や車の修理……。私は、人間は頭でモノを考えるのではなく、手足で考えるものだと思っているのだが、それらの日常の作業に汗を流しながら、本書の構想をまとめることができた。

本書のタイトルにある自然《じねん》という言葉をはじめて聞いたのは、哲学者の内山節《たかし》氏の講演だった。内山氏は豊田市山村部の地域づくりの仲間たちの招きでたびたび現場を訪れていた。氏によれば自然《しぜん》というのは、明治になってから nature の訳語として当てられたもので、もともとはじねんと読み、自《おの》ずから然《しか》るべきようになる世界を表す言葉であった。そこでは自然《しぜん》と人間を区別することなく、両者が一体となった世界を表していたという。里山とはまさにそのような世界だ。

さらに私がこの言葉の意味を深く考えるようになったのは、自然農の実践家である川口由一《よしかず》氏を豊田市に招き、講義とともに、田んぼでの作業を指導していただいたときだった。川口氏によれば、田畑の中にいる多くの生き物の一員として、作物は自ずから然るべきように育つので、人間はそれに最小限の手助けをすればよいということだった。そこから私は学生と一緒に小さな田んぼを借りて自然農のやり方で米作りに挑戦した。3年やって見事に一粒も収穫できず、この挑戦は失敗に終わったのだが、私はこの経験から多くのことを学んだ。足元にたくさんの水生昆虫が動き回り、頭上をトンボが群れ飛ぶ田んぼに入って手足を動かしながら、考察を進めることができた。

私たちは毎日忙しく働き活動している。私には、皆が一生懸命頑張った分だけ、世界が悪い方向に向かっているような、なんとももどかしい思いがある。それは、本来は自ずから然るべきようになろうとしているものを、無理に人為的にねじ曲げようとしているからではないか。そういう目で社会のできごとを見るようになると、農業だけでなく、いたるところで同様な構図の事例があることに気づいた。なぜそうなってしまうのか、自ずから然るべきようになるにはどうなればよいのか。私たち一人ひとりが自ずから然るべきように生きられるようになるにはどうなればよいのか。これが本書に通底するテーマである。

本書ではまず、現在の田舎と里山の姿を正確に理解するために、そこに埋め込まれている「生きた化石」ともいえる歴史の断片を解きほぐしてみたい。2章では、明治以降にそれがどのように変質したか（変質させられたか）を示したい。戦後の高度経済成長期に田舎の姿は大きく変わり、都市も含めて社会全体が大きく変わった。その現実から読み取ることのできる社会の根底にある哲学を発掘しながら、その問題点を明らかにできたらと思う。

3章では、田舎の主な産業であった農業と林業の歴史と現状を概観し、4章では、人間を含めた生き物・自然環境が多大な被害を受けた水俣と福島から、私たちが生きる世界とは何かを考え、里山という場所の価値を再考する。

5章では本書の副題にある「おカネ」をはじめとした「疎外」の問題と近代社会の構造をわかりやすく解説する。若い人たちと話していると、彼らが抱える将来への漠然とした不安感の底におカネの問題があることがわかる。長時間労働でストレスの高い仕事をしながらも、将来に向けて収入が上がっていく実感がない。おカネを中心において、自分の人生を決めることに葛藤しながらも、そうせざるを得ないと言い聞かせている。おカネに心が支配されてしまっている状態だ。そこからどうすれば自由になれるかを考えていく。それは、今後の持続可能な社会を築いていくためにも重要なテーマである。

6章では終身雇用・年功序列という社会制度がどのように生まれ、その原因とも結果ともなった戦後の教育のあり方の問題点を指摘したい。7章では現在の移住ブームがどのようなもので、その意味するところは何か考察する。8章では近代社会の中でないがしろにされてきた「弱さ」の価値を考察する。

最後の9章では田舎にやってきた若い人たちとの対話の中から見えてきた、今後の田舎と都市を含めた社会全体のベースとなるべき自然《じねん》の哲学を議論したいと思う。

自然《じねん》の哲学――おカネに支配された心を解放する里山の物語◆目次

第1章

里山世界と村の成り立ち

——自然の一部としての人間の暮らし

里山とは何か——さまざまな生き物が息づく場所

この章では、現在の田舎を理解するために、時代を江戸にまでさかのぼって、里山と村について概観していきたい。まず里山とは何かというところから話を始めよう。

里山とは、人々が集落での暮らしを成り立たせ、世代を繋いでいくために、自然の生態系に人間がさまざまに介入・関与した結果成立した生態系とその景観のことをいう。今日では海外でもsatoyama landscapeという用語で通用するようになっている。18頁の図は1950年代くらいまでの日本における典型的な里山の景観と土地利用を描いたものだ。家が集まる集落があり、その中には小さな畑がちりばめられている。日々の食材としての蔬《そ》菜を調達するための畑だ。それより低いところには比較的広い田が広がる。その田は山の谷間に沿って棚田として伸びていく。谷を流れてくる水を活用する便利のために、わざわざ日当たりの悪いところでも石垣を積んで田にしたのだ。これが谷戸田《やとだ》、谷津田《やつだ》と呼ばれるものだ。谷戸田の両側の谷の斜面は草地だ。この草を刈って堆肥とし、田に入れてコメを育てたので、草地はなくてはならない大切なものだった。

草地の上部に雑木林が広がる。東海地方では典型的にはアカマツにコナラなどの落葉広葉樹が伴う疎林だった。ここでは炭を焼くために広葉樹は定期的に伐採され、アカマツは大きく育てて材木として出荷された。

家のそばに目を転ずると、スギやヒノキなどの針葉樹が並んでいる。これは屋敷林と呼ばれ防風林としての機能を果たしつつ、大きく育った暁には、家を建て替える材料となる。また小規模な竹林も見える。竹でカゴなど日用や農林業で使う道具を作る必要のために植栽されたものだ。また家の土壁には竹で編んだ骨組みであるコマイが入っており、建物を建てるときには大量の竹が必要だった。

雑木林より奥にまた草地がある。これはカヤ場と呼ばれ、屋根を葺《ふ》くカヤ（多くはススキの茎）を採取するためのものだ。それより奥は基本的には自然の植生のままにされた奥山で、ときにキノコ採取や狩猟のために人々が分け入る場所である。

田舎における生態系と集落の関係を理解する上で欠かせないのが、植生遷移《せんい》についての知識だ。山に生えている木や草はずっと同じように生えているように思われるかもしれないが、実際は人間が何も手を加えないでいても、その種類や量はダイナミックに変化していく。この自然な変化を植生遷移という。ここでは主に中部地方より西の気候で起きる植生遷移を紹介する。

まず何らかの原因で赤茶色の土壌がむき出しの裸地ができたとする。自然のままにしておくと、あまり水分のない山の尾根のようなところで、そのような栄養分の少ない乾燥した場所を好むマツが生えてくる。山はスカスカの松林となる。一方、ある程度水分のあるところでは草が生えて草原となる。どちらも周囲から鳥が種を運んできたりして、ドングリやヤマザクラなどの落

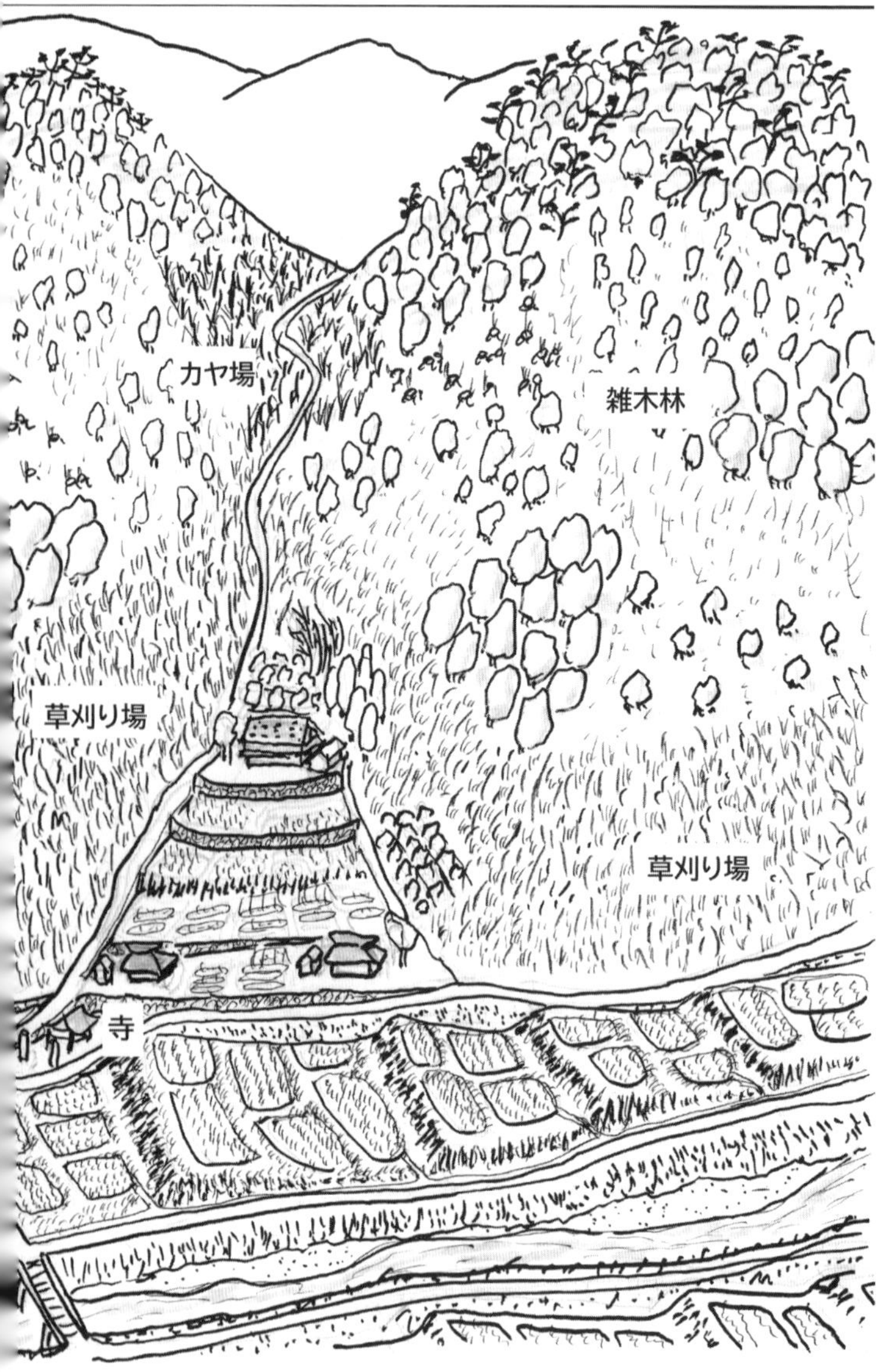
カヤ場
雑木林
草刈り場
草刈り場
寺

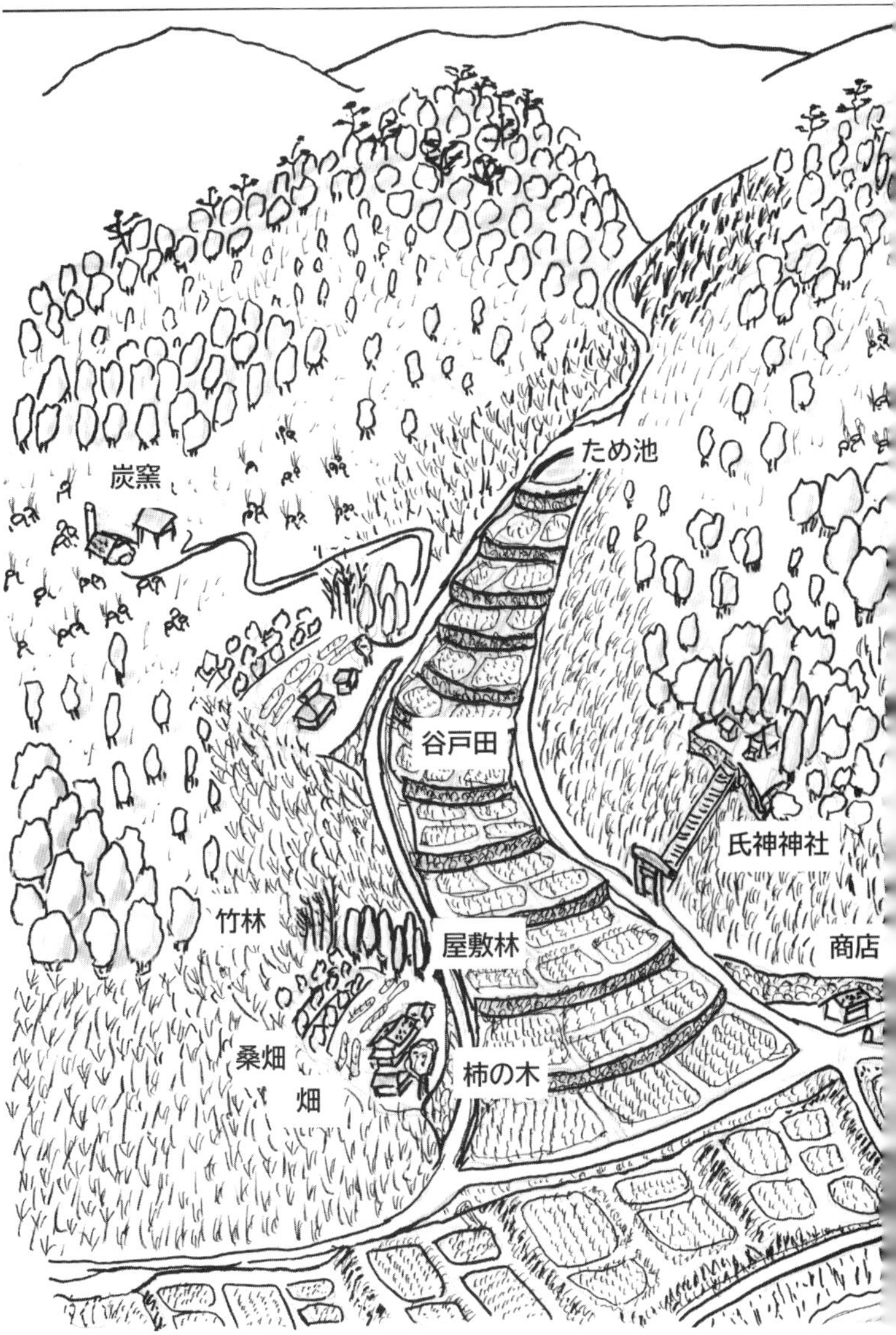
ため池
炭窯
谷戸田
氏神神社
竹林
屋敷林
商店
桑畑
柿の木
畑

葉広葉樹が生えてくる。山は春に新緑が芽生え、秋には紅葉する落葉広葉樹林となる。

それから50年もすると、ドングリの木は大木となって、葉っぱが空を覆うようになり、足元には直接日光が届かなくなる。そうなるとドングリが地面に落ちて芽吹いたとしても育つことはない。ドングリの苗は光がたくさんあるところで育つものだからだ。すると、植生遷移の次のステップに進んでいく。今度は暗いところでも苗が育つ常緑広葉樹が育っていくことになる。たとえば、冬に赤い花を咲かせるツバキとか神棚に供えるサカキとか、厚くてパリパリの濃緑の葉っぱの広葉樹だ。これらは冬にも枯れることがない。当然、紅葉せず春の新緑もなく、一年中濃緑の葉っぱがついている。これらの樹木の種が地面に落ちると芽が出て育っていく。つまりこの後は樹種の変化はなくなる。このように常緑広葉樹が植生遷移の最後の姿で、これを極相《きょくそう》と呼ぶ。

このように山は自然のままにしておくと数年から数十年の単位でどんどん生えている植物が変わっていく。その変化は意外に早い。しかし、里山の植生は変化しない。落葉広葉樹の森はずっとそのままで、草地もずっとそのままだ。それはなぜなのだろうか。

つまり、人間が木を伐《き》ったり草を刈ったりというふうに、自然に介入することによって、自然の遷移を止めているからだ。草地は放っておけば木が生えていくのだが、里山では人々が牛馬の餌や堆肥に積むために毎年何回も草を刈る。そうすると、自然に木の種が落ち芽が出たとしても刈り取られてしまうので成長できない。そうやって、草原は草原のまま維持される。

かつての里山の暮らしの中で、夏に草を刈るというのは最も大切な仕事の一つだった。各家が自分の草刈り場を持っている集落もあれば、共有地で草を刈る場合もあった。共有地の場合は「山の口」という刈り取りの解禁日を取り決めて大切に利用した。岐阜県東白川村や愛知県瀬戸市では草地が集落から離れた山の上にあり、山から麓まで鉄線を引いて、刈った草を束ねてロープウェイのようにして山から下ろしたという話を聞く。それほど草は大切な資源だったのである。

東北地方では春に山焼きをするところがある。冬に枯れた草を春先に燃やす。そうすると土の中に埋もれていた草の種が芽吹いて、またきれいな草地になるという寸法だ。焼け跡から真っ先に出てくるのがワラビで、これを集めて売り、現金収入を得たりした。

一方、雑木林の木を伐るのは農繁期が終わった冬の仕事だ。山中に炭焼き窯を作り、木を伐って炭を焼いた。焼いた炭は背負って山から下ろし俵に入れて出荷した。これが村での現金収入の中心だった。高度経済成長期に燃料の中心が石油になり、それから作られるLPガス（液化石油ガス）が普及するまで、都会での日常の煮炊きの燃料は炭だった。村から都市へ大量の炭が供給されたのである。

愛知県豊田市の足助《あすけ》町はかつて炭の出荷基地として栄えた町だ。周辺の村の農家の主人は焼いた炭を運んできて問屋に納入する。そこで品質検査を受けて値段がつき現金を手にする。すぐに帰るのではなく、足助の町で芸者をあげて楽しんでから帰路に着いた。かつてはこの小さな町に芸者の置屋があったというから驚きだ。炭は蚕と並んで田舎の経済の中心だった。

さて、炭を焼くために伐られた木はまた育てなくてはならない。でも種を植えたり苗を植えた

りする必要はなかった。多くの広葉樹は、春になると切り株から新芽が出てくる。上の写真は冬の間に伐られた広葉樹の幹から出てきた新芽だ。この新芽のことを萌芽《ほうが》とか傍芽《ぼうが》と呼ぶ。たくさん出てくるので田植えの前に数本を残して刈り、それを代《しろ》かきをした田んぼに入れて肥料とした。刈敷《かりしき》といってこれも大切な肥料だった。

そして残った萌芽が育っていく。20年もすれば木は元の大きさに戻っている。それをまた伐って炭を焼くというサイクルだ。次頁の写真はそのようにして大きく育ったコナラの木である。根元から数本大きな幹が伸びている。この樹形を株立ちという。ふつうの木は下の方は太い幹が一本で、上の方で枝分かれしているものだが、それに比べれば奇妙な形だ。これは炭を焼くためにくりかえし切られ萌芽によって更新した証拠なのである。山に入って株立ちの木がたくさん生えている林を見つけたら、そこは

かつて炭を焼いていた山だと思って間違いない。
実に巧妙なやり方だ。木を伐るだけで、勝手に次の世代の木が育つのだから。ちなみに木を伐るときはある程度の面積を皆伐する。そうすることで、そこは明るい日差しが地面まで届くことになり、その光を使って萌芽はすくすくと伸びていく。一方、地面に常緑広葉樹の種が落ちて芽を出したとしても、切り株の萌芽の方が早く伸びていくので競争に負けて育たない。つまりここでも植生の遷移を起こさせないようになっている。人間が木を伐ることによって落葉広葉樹の森を維持してきたわけだ。
このような里山にはたくさんの種類の生きものが生息することになる。もう一度18頁の図を見てほしい。草地があり、雑木林は伐られたばかりのハゲ山のようなところもあれば、20年ほど経って鬱蒼《うっそう》とした林もある。その中間には木を伐ってからの年数に応じて、さまざまな植物が生えている。山はキルトのような景観だ。そしてそれぞれの植生に合わせた昆虫や小動物がおり、それらを餌にするさまざまな鳥がいる。

一定の範囲における生物の種類の数のことを生物多様性というが、里山は自然に任せて極相となった森よりも生物多様性が高くなる。人間が木を伐り草を刈ることによって、より豊かな自然ができるというわけだ。

さまざまな生き物が息づく山は人々の喜びの源泉だった。春の山菜、秋のキノコ、冬の鳥や獣。四季折々に採取できる自然の食べ物は何よりの楽しみだ。かつての里山では人々は年間に200種類もの山菜やキノコを食べていたという。生物多様性の高さは生活の基盤だった。

村のルーツをたどる

山間地域の町村史を読むと、たいてい縄文遺跡は豊富に存在する。獣を獲り、木の実や山菜を採取するには山の中の方が住みやすかったのだ。弥生時代になると遺跡が激減する。弥生時代は平地の水田でのコメ作りが普及した。そのおかげで山間地域はいったん「過疎化」したようだ。縄文人もコメの魅力には勝てずに山を降りたのだろうか。その後長く山間地域は、少数の狩猟の民や山岳信仰の民などが分け入るほかは暮らしの場ではなかったようだ。

再び山に人々がやってくるのは、鎌倉・室町時代だ。律令制が崩壊して人々が自由に移動できるようになり、また人口が増えたために、生活の場を求めて人々が集団で山に開拓に入るようになった。ちょっとした平地や扇状地を開拓し、石垣を築いて棚田を作り、水田を開いてそこに住み着いた。

また、日本の山では焼畑が盛んに行われていた。焼畑とは一定の面積の森林を伐採し、火を入れて木や草を燃やした後に、その灰を肥料としてアワやヒエ、ソバなどを栽培したものだ。3、4年たつと地力が衰えるので、そこは放置して次の場所に移る。放置された場所にはまた木が生えて元の森林に戻るというサイクルを繰り返す。山は耕作されている場所や放置された年数に応じてキルトのような景観をしていた。焼畑の栽培は夏の間だけなので、その場所に仮小屋を作って寝泊まりして耕作した。この小屋は出作り小屋と呼ばれたが、そのうちその場所にずっと耕作を続ける常畑を開き、水田を開いて年間を通してそこで暮らすようになって、集落ができたところもある。

戦に敗れた武士たちが一族郎党で山の奥に逃げ込んで形成された落人集落も少なくない。鎌倉時代から始まった武士の世は、江戸時代にいたるまで絶え間なく戦乱があった。私が住んでいる恵那市飯地町は、関ヶ原の戦いで西軍について敗退した武将一族が逃げ込んでできたところから発展した村だ。

百姓であろうと武士であろうと、山の中に開拓に入るのは並大抵のことではない。チェーンソーも重機もない時代、すべて手作業で木を伐り倒し、根を掘り、石垣を組み、整地し、水を引いてやっとコメを作れるようになる。一族郎等が集団で取り組まなければ成功しなかっただろう。コメがとれるようになるまでには何年もかかり、その間は狩猟採集と焼畑で食いつないだのだろう。その労苦はいまでは知る由もないが、各地に残る見事な棚田の石垣を見るたびに、どれほどの汗と血と涙が流されたことかを想像するにつけ、それを引き継いで生きることができる幸せを感じざるをえない。

村には必ず集落の中心となる氏神神社が一つある。村は一つの氏神様を祀る集団として定義できる。最初に開拓に入った集団の長が死んだときの魂が初代氏神様だ。以降、代々その村で生き死んだ人たちの霊が合体していった霊の集合体が氏神様だ。氏神様は村全体のご先祖様にして村を見守ってくれる存在だ。春の祭りで氏神様を山から里に下ろし、秋の実りを得て秋の祭りで山に送り出す。それが現在にいたるまで継続されている。

そして時代は下り、江戸時代に入ると現在まで続く村が成立する。江戸時代、百姓は検地によって土地を自分のものとして登記された独立経営者だった。決められた年貢さえ払えば（税率は各種保険料まで含めた現在の負担とそう変わらない）あとは自分のものだ。年貢は百姓個人に請求されるのではなく、村全体に一通の請求書が届く。これを取りまとめて納入する責任者が庄屋だ。これを村請《むらうけ》制度という。藩や幕府は村の中のことについては情報もなく、口も出さなかった。これは江戸時代初頭の徹底した兵農分離によって武士を村から城下町に集めたということにもよる。

村では高持百姓《たかもち》（検地で石高が定められている自立自営の百姓）を構成員とする自治が行われた。土地の大小にかかわらず一戸一票の議決権を持っていた。寄り合いでは延々と話し合いが行われ、共有地である草刈り場や水路の利用と管理、祭りの段取りなどについて取り決められた。原則としてどんなことも全員が納得したうえで決められる。だからこそ、それを破ると村八分になるほど強いものだった。庄屋が不明瞭な動きをすると糾弾されることもあり、庄屋の動きを監視する監査役がおかれることもあった。ヨーロッパの市民革命と比すべき市民（＝自立自営の経営者）による民主的な自治があったといってよいのではないだろうか。支配層の武士は封建制だが、村では民主制。ヨーロッパの枠組みには収まらないユニークな政治制度だったと思う。

楽しいから集まって仕事をする——結《ゆい》と普請《ぶしん》

村ではさまざまな形態での共同作業が行われた。私的な労働の貸し借りが結であり、公的な場面での労働力の提供が普請だ。田植えや稲刈りなどは親戚や近所で集まってそれぞれの家の田んぼを順番にやっていった。この仕組みが結である。家の建築や屋根の葺き替えなども結で行われた。日本では戦後の１９５０年代くらいまで続いていた。

しかし考えてみると、10人がそれぞれの田んぼをやるのも、10人が集まって10軒分の田んぼをやるのも、全体の労働量も一人の労働量も変わらない。ではなぜ集まってやるのか。それが楽しいからだ。田植えや稲刈りを少人数でやるとそのしんどさに心が折れる。でも大人数でやればおしゃべりしながらいつの間にか終わっている。民俗学者の宮本常一が女たちの田植えの会話を記録しているが、その内容はズバリ猥談だ。結はつらい仕事を楽しくやる生活の知恵なのである。

一方で結には労働の貸し借りとしての厳しい側面もあった。仕事の能力がバラバラだと成り立たない。「一人前」の仕事量が決まっていて、それを満たせなければ周囲に対して申し訳なく肩身の狭い思いをしなくてはいけなかった。

普請の始まりは江戸時代にさかのぼる。江戸時代には灌漑《かんがい》用水がさかんに開発された。幹線となる用水は藩や幕府が公共事業として工事を行った。これを御普請《ごぶしん》という。幹線から村に引き入れるところからは村人の共同作業、すなわち村普請《むらぶしん》で行った。水不足に悩む地域の庄屋が集まって相談したうえで、代官所に用水の必要性を訴えた。つまり陳情である。同じように治水、治山、道路建設なども陳情された。水害、地震、火山、飢饉などの自然災害のときには藩が、大規模になれば幕府が村々に緊急援助と復興援助を行った。村人たちは、年貢を納めるかわりに村だけの力ではできないことを藩や幕府に求めたのである。

当然のことながら、昔は用水路や道路をコンクリートで固めたり舗装したりしないので、大雨が降れば崩れる。それをそのたびに修復するのは村人総出の作業だった。宮本常一は戦前の農村ではそのための作業に取られる時間が多くて、自分の田畑の世話がおろそかになり収量が思うように取れないことを記録している。

かつて、私は岡山県美作《みまさか》市上山棚田を訪問したことがある。たまたま集落に残る古い写真の展示会が開催されており、そこに展示されていた1枚の古い写真に目が釘付になった。それは、戦後間もなく、ため池の補修を村普請でやっている様子を写したものだった。女性たちが2列に並んで木槌を振り上げている。ため池の水を抜き、堤防の足元を叩いて水漏れを防ぐ補修作業をしていたのである。皆が同じタイミングで槌を振り上げている。ふと見ると、堤の上の高いところに一人の男性の姿があった。この男性が歌う歌に合わせて調子を取って槌をふるっているのだ。いまでもその歌をおぼろげに覚えているおばあさんがいるという。その朗々とした声と女たちが振り下ろす槌音のリズムが聞こえてくるようだった。これもつらい仕事を楽しくやる暮らしの知恵だ。歌に合わせて皆で働く。体はきつかったと思うが、その喜びの経験は日々の暮らしを明るいものにしたことだろう。

信仰のグループからおカネの相互扶助へ

村には氏神神社とならんで、たいていは仏教の寺がある。日本の仏教は平安から鎌倉時代にかけて独自の発展をして、禅宗の曹洞宗、臨済宗、念仏宗の浄土宗、浄土真宗さらには日蓮宗などさまざまな宗派が確立した。それぞれ民衆の切実な悩み苦しみに応えようとして独自の教義を展開した。それが江戸時代に入ると様変わりする。

島原の乱でキリスト教の信仰の広まりに手を焼いた徳川幕府はキリスト教を禁じるとともに、それを確実にするためにすべての民衆を仏教徒とした。つまり人々はいずれかの寺の門徒となる。これを寺請《てらうけ》制度という。寺では宗門人別《しゅうもんにんべつ》改《あらため》帳《ちょう》という一種の戸籍を整備して、村の人々の出生・移動・婚姻・死亡を記録し管理する仕組みとなった。

江戸時代初頭にたくさんの寺が創設され、村の寺ができた。そうすると宗教としての仏教は力を失う。なにせ人々に信仰を説く布教活動をする必要がなくなった。すべての人がどこかの宗派の門徒なので、布教活動しようにもその相手がいない。国家の制度に組み込まれたおかげで財政的には安泰となるとともに戒律は有名無実になり、たとえば浄土真宗以外では僧侶の妻帯は認められないのが建前であるが、実際は大黒様と呼ばれる妻がいて子どもが寺のあとを継ぐのがふつうになる。僧侶に残された仕事は寺の運営だけとなり、これが現在まで続く「葬式仏教」の始まりだ。寺は人々の切実な悩み苦しみに応えることはできなくなった。

一方で村の寺が関与しないさまざまな信仰が活発になった。その一つが弘法大師への信仰だ。四国八十八ヶ所は現在でも多くの人がお遍路として巡っているが、その確立は江戸時代中期だ。八十八ヶ所は弘法大師が修行したゆかりの場所を巡り、旅という苦行を通して救いを得ようとするもので、道中を弘法大師が一緒に歩いてくれるという信仰があった。

その後全国にそれぞれの地域の八十八ヶ所ができていく。私が住んでいる恵那市飯地町にも八十八ヶ所があるのを知ったときはびっくりした。200世帯あまりの狭い地域にそれだけの札《ふだ》所があるのだ。寺や祠《ほこら》以外に個人の家も札所になっている。昭和のはじめに成立したらしく、毎年旧暦の3月21日、弘法大師の命日の日に八十八ヶ所巡りが行われていた。その日には村の外からもたくさんの人が急坂を登ってきて、家々ではその接待をしたという。札所になるためには、家人がどこか他の八十八ヶ所を巡り遂げなければならない。その朱印帳と小さな弘法大師の仏像が家々に祀られている。つまり飯地八十八ヶ所が成立するためには、88×88のお参りがあったわけで、その信仰のエネルギーは相当なものだ。

それ以外にも江戸時代には白山講《はくさんこう》、御嶽講《おんたけこう》などの信仰が盛んになった。これらの山岳信仰は、各地で講というグループを作り、御師《おし》や行者《ぎょうじゃ》と呼ばれる案内人に連れられて山に登り救いを求めるものだ。岐阜県郡上市石徹白《いとしろ》地区は白山の登り口にある白山信仰の拠点だった。「のぼり千人くだり千人」とそのさまが形容される賑わいだった。しかし、この信仰は明治に入って政府の弾圧にあって衰退してしまう。

一方、御嶽講は明治維新の際の宗教再編を乗り切り、いまに伝えられている。御嶽講は修行を積んだ行者がリーダーとなり講社と呼ばれるグループを組んで御嶽に登る。この信仰の特徴は、御座《おざ》といって行者に神仏が乗り移り、人々の悩みを神仏が直接聞き応えてくれるという一種のシャーマニズムだ。これが現在まで受け継がれているのにもびっくりした。ここ岐阜県東濃地方にもあちこちに講社がある。ご近所にもそれに参加している方がおり、何か悩みごとや判断に迷うことがあると、行者様にお伺いを立てるのだそうだ。

信仰のためのグループである講はだんだんとその性格を変えていった。伊勢講では講のメンバーがそれぞれ一定のおカネを拠出する。ある年には一人のメンバーがその資金を使って皆を代表して伊勢神宮にお参りし、皆の分のお札を持って帰ってくる。次の年は同じように皆がおカネを拠出して別の人が行く。というふうにして全員がお伊勢参りができるというわけだ。

この仕組みが発展して、おカネに困っている仲間を助ける仕組みに転じたのが頼母子《たのもし》講だ。グループを作り皆が一定額を拠出する。そのおカネ全部をまずは困っているメンバーが使う。次は助けてもらったメンバーも含めて同じ額を拠出する。その全部を他の一人が使う。そうやって一巡すれば終了だ。助けられる方は借金ではないので利子はつかず気も楽だ。思いやりのある賢い相互扶助のやり方だと思う。

また純粋に相互の親睦のためにやるようにもなる。毎月集まって飲食を共にする。皆が一定額を拠出し、飲食の費用を除いたものを誰か一人が使うという仕組みだ。集まっておしゃべりしながら食べて飲むだけでも楽しいのに、時々はまとまった額のおカネを使うことができる。これはこれでまたうれしいというわけだ。

結が労働の相互扶助の仕組みだとすると、講はおカネの相互扶助の仕組みだ。マイクロより小さい「ピコクレジット」といってもよいかもしれない。気心の知れた仲間がいるだけでよく、ほかには何もいらない。それでおカネの問題も解決できるとしたら、ずいぶん安心して暮らせるだろう。これも先人が田舎に残した偉大な生活の知恵である。

「村はよそ者に冷たい」はほんとうか

このような相互扶助の仕組みを持ち、仲間を大切にしてきた歴史のある村だが、一方では田舎は閉鎖的で排他的だといわれる。「原子力ムラ」などと称されるが、よほどムラに失礼な言い方だと思う。私は日本の村をいくつも訪ね、海外は中国やラオスの村々を訪ねたが、閉鎖的で排他的な印象を持ったところは一つもない。むしろ、みなさんオープンであたたかく受け入れてもらえるところばかりだ。実際に暮らしてみても閉鎖的な印象はまったくない。他の移住者仲間に聞いてみても、集団としていやな目にあったという話は聞いたことがない。田舎は閉鎖的で排他的だというのは「神話」だとはっきり言いたい。

ただし、この神話のもととなった事態がかつてなかったわけではない。江戸時代、村人が命の次に大事にしていたという表現が大げさでなかったものがある。それは草だ。山の草地の草を刈り、堆肥に積んでこれを肥料にコメを作った。草がなければコメは作れなかった。だから草の確保は死活問題だったのである。

草地はたいてい入会《いりあい》つまり共有地だった。めいめい勝手に草を刈ると、我先にと十分に草が育つ前に刈り取ってしまい、結果として全世帯に行きわたらなくなる。そこで山の口という解禁日を決めた。それを破って抜け駆けすれば村八分だった。

その大事な草地に隣村の人間が来て勝手に草を刈っている、という事態が起こったらどうなるだろう。村の境はあいまいだから、そういうことは起こりうる。隣村からしてみれば、逆にそちらが勝手に入ってきたという主張になる。この争いがときには武装した村人どうしの衝突に発展し、流血の事態になったというから深刻だ。こういう場合には訴訟になる。それを「山論」(「さんろん」とも「やまろん」とも読む)という。奉行所に申し立てて草地の利用権がどちらの村にあるのか評定してもらうのだ。

江戸時代にはこのような訴訟の記録が無数にある。岐阜県東白川村では訴訟を申し立てたものの、敗訴した村の代表者が村から追放されたという悲劇が起こった。山論が行われている間、隣村は敵である。当然、村は外部に対して閉鎖的で排他的になる。そういうところによそ者がやってくれば、こいつは敵か味方かと疑心暗鬼の目で見られることになるだろう。これが「神話」の起源だと思われる。

つまり、村が閉鎖的になるのは何らかの理由で村の中に緊張感がある特別なときということだ。そういう深刻な懸案事項のないときは、よそ者に対して歓迎こそすれ、むやみに排他的に振る舞うことはなかった。高度経済成長期より前には、村には多くの行商人がやってきた。また旅人が一夜の宿を借りたいと言えば快く受け入れた。村人はそのような人から村の外の様子を聞くのが楽しみだったということもある。暮らしに困って流れ着いたような人を村の僧坊に住まわせて、しばらく面倒を見たというような話はどこにでも残っている。村人は村がその中だけで閉じて成り立つとは思っておらず、常に外界とのやり取りを重視していた。その感覚は現代の田舎にも引き継がれている。

生きた化石

江戸時代の村のあり方でおもしろくもあり意外でもあるのが、ヨーロッパの市民革命の基準でいえば民主主義的な自治が行われていたことだ。寄り合いは財産の大小にかかわらず一戸一票で、寄り合いで徹底して話し合い、基本的には多数決ではなく全会一致で決めることとし、皆で決めたことを皆で守るというあり方だ。これは300年以上経ったいまでも続いている。

自治組織のあり方は地域ごとにさまざまであるが、基本的にはかつての江戸時代の村に対応する地区、区、町などがある。私が住んでいるところでは、江戸時代から戦前まで続いた飯地村は戦後に恵那市を作る際に消滅したが、いまは飯地町という自治組織となっている（正式名称は飯地自治区協議会）。さらにその中に小さな自治会があり、それが氏神様を祀っている。飯地町では組と呼ばれる。さらにその下に、10戸程度の回覧板が回る班がある。

飯地町では組が自律的な自治組織の最小単位だ。組長が選出され、さまざまな役を決める。年3回の地域の草刈りを行い、お祭りを運営する。昨今のように地域の中でメガソーラー開発問題が発生すれば、ここで何かと集まって話し合うことになる。その場ではよほどのことがなければ採決をとることはない。たいていは定型的なことなので、役員さんの根回し通りにシャンシャンと決まっていく。しかしときにはさまざまな意見が出ることがあり、そのときにはかなり長い時間をかけて話し合いをして、だいたいみんなが合意できるところまで話し合ってから取り決めが行われる。一人の有力なボスがいてその言うとおりになるというようなことはまず見られない。そういう意味で田舎の自治会ではたいへん民主的な運営が行われているといってよい。もちろん住民が高齢化して、このような自治的なやり方はやりにくくなっている。さらに高齢化してそれが不可能になった集落が限界集落と呼ばれるものだ。

一方、対外的には政治的な動きをする。地域ぐるみ選挙はいまでもふつうに行われている。市会議員、県会議員、国会議員を地域から送り込む形だ。町（自治区協議会）の役員は、年に一度、地元選出の国会議員の紹介で国土交通省などを訪ね、道路建設などを陳情する。これも江戸時代から続くやり方だ。江戸時代の庄屋たちも御普請を引っ張ってくるために代官所などに陳情を繰り返していた。

村普請は、いまは年に2、3回ある地域の草刈りとして命脈を保っている。「ぶしん」、「おやく」、「であい」など地域によって呼称は異なる。私の町ではズバリ、「みちづくり」である。山間の村では道を作ることがとても大切で、またその苦労もひとしおだった。いまでは舗装された道の脇に生える草を草刈り機で刈り払うだけであるが、それでも皆で刈り終えてさっぱりした道を見て汗を拭い、世間話に花を咲かせるのは楽しい時間だ。一緒に汗を流すことで地域の中に信頼感が生まれることがよくわかる。私たちのような移住者も草刈りに汗を流すことで、はじめて仲間として認知される。

氏神神社のお祭りは班ごとに運営の当番が回ってくる。岐阜県東濃地方では当元《どうもと》と呼ばれる。お供え物などいろいろなものの買い出しに行き、神社の掃除をし、しめ縄を張り、のぼりを立て、当日は神官さんを迎えて神事を行い、そのあとは直会《なおらい》という宴会を開催する。最後は片付けと当元の打ち上げ。移住者も役割を与えられ、それを周りの人に教えてもらいながらこなしていくことで、地域の人に顔を覚えられ、地域に馴染んでいくことになる。

笛・太鼓や獅子舞などが引き継がれているところでは、夏の終わりから若者や子どもを中心に練習がはじまる。子どもたちはお神輿を担ぐ（残念ながら私の組では子どもが少なくなってお父さんたちが担いでいる）。私たちの組のお祭りでおもしろいのは、子どもたちが事前にお菓子やおもちゃなどを仕入れてきて、直会の時に酔っ払った大人たちに売る。これが小遣い稼ぎになるのだ。そうやって地域の皆で楽しく秋の1日を過ごす。これも江戸時代から続いているものだ。

結は高度経済成長時代に農家がそれぞれに農業機械を購入し、一方で兼業農家として働きに出るようになって失われた。家を建てるときには専門の工務店に頼むようになってここでも結は消滅した。さすがに講も残っていないだろうと思っていたら、どっこい親睦のための講が残っていた。東濃地方では無尽《むじん》と呼ばれる講が、驚くべきことにいまだに盛んに行われている。山の中の古い小さな料理旅館や飲食店が無尽の会場となる。他の地域ではずっと前に廃業したようなお店が、無尽があるせいで存続しているのだ。

飯地町では弘法さんの日の八十八ヶ所巡りの行事が続いてきたのも驚きだ。さすがに最近では札所が町内数カ所にまとめられ、そこに近隣の家の女性たちが朱印帳と弘法大師像を持ち寄り、そこでお参りを受け付け接待もするという形になったが、ずっと続けられてきた。ただ年々お参りをする人が少なくなり寂しくなっていた。２０２０年は新型コロナウイルス感染拡大の影響でこの行事は中止になり、ついに途絶えてしまった。残念なことだ。

飯地の行事にかぎらず、「生きた化石」として江戸時代から続いてきた自治的な営みがこれからも続いてほしいと願うのは私だけではないだろう。住民が地域の主人公であるという実感は都会では得られないものだ。かなり心細くなっているとはいえ、村のコミュニティの自治は都市を含めた社会全体を持続可能にしていくうえで、重要な基盤となりうるものだと思う。

第2章

せめぎあう村と国家

——自治 vs. 統制のゆくえ

明治維新で中央の村への介入が始まった

この章では、江戸時代から明治時代へと話を進め、村がどのように変質したか、変質させられたかを見ていこう。

鳥羽伏見の戦いから始まった内戦である戊辰戦争（1868－1869年）は、長州藩・薩摩藩を中心とする「官軍」が北上し、最後は箱館の戦いで終結、日本全国が明治政府の下に統一国家を作ることになった。

明治政府は欧米列強と対抗する力をつけるべく富国強兵を旗印に国づくりを行うことになった。富国強兵を読み下すと、「強い兵を作るために国を富ませる」だ。幕府は黒船来訪になすべなく、長州藩は下関戦争で欧米列強4国にボロクソに負け、一方で薩英戦争で薩摩藩がイギリスに善戦した経験は、明治政府をしてまずは近代的な軍事力を確立することを至上命題とさせた。そのためには中央集権的な国家社会を作ることが必要だった。

そこでは村の自治は障害となった。戊辰戦争の最中、官軍の進軍に応じて各藩が恭順を示すのとは別に、各村では独立に恭順の意思を官軍司令官に申し出たという。それは裏返せば各村で独立に政府に対する反目の意思も持ちうるということだ。そこで政府は、国↓県↓郡↓村という上意下達の行政組織を作って、村の自治に介入し始めた。中央集権・上意下達の政治的・社会的な動きを統制という。これ以降、村は自治と統制の拮抗・バランスの中で運営されることになる。

その一つの焦点となったのが小学校の開設だ。1872（明治5）年に学制が制定され、各地で小学校の開設が動き出した。これに反対する村がたくさんあり、新築された学校を打ち壊すなどの学制反対一揆があった。小学校ですべての子どもが読み書きを習得することは近代的な軍隊を作るためには不可欠だ。それまでは読み書きを習うのは庄屋と寺の子息ぐらいで、ほとんどの村人は読み書きができなかった。宮本常一は戊辰戦争のエピソードを記録しているが、そのなかに長州藩の奇兵隊は百姓を集めた軍隊で、字が読めない指揮官が命令文書を上下逆さまに持って読んだふりをしていたという話がある。これでは近代的な軍隊は作りようがなく、小学校を開設し就学率を100％にすることが明治政府にとって重要課題であった。

一方、村では子どもは貴重な労働力だった。農作業はもちろん、山に入って日々の食べ物を採取したり、下の子を子守したりであったので、子どもが昼間学校に行くとその人出がなくなる。また村の祭りなどで、年長の者からその作法を学び、村の一員としての自覚とスキルを育む教育が行われていたのであり、それができなくなる。小学校開設はまさに自治と統制との衝突点だった。最終的にほとんどの子どもが小学校に行くようになるのは1889（明治22）年。それまで20年近くの年月がかかったのだ。

1889年というのは、大日本帝国憲法が公布され日本の近代国家が形をなした重要な年である。地方ではこのタイミングで町村合併が行われて、江戸時代からの村（自然村）がいくつか集合した行政村ができた。これは小学校を運営するための財政規模を持つために必要とされたものだ。これらの村に一つずつ小学校が開設され、ほとんどの子どもが通学するようになった。

同じタイミングで１８９０（明治23）年に教育勅語が発表され、小学校教育の目標が明確に掲げられた。教育とは天皇の「忠良の臣民」を養成するもので「一旦緩急アレハ義勇公ニ奉シ以テ天壌無窮ノ皇運ヲ扶翼スヘシ」（万一危急の大事が起こったならば、大義に基づいて勇気をふるい一身を捧げて皇室国家の為につくせ）とされた。その教育の成果は１９０４（明治37）年開始の日露戦争で十分に発揮されたのである。日清戦争（１８９４−１８９５年）では家の長男は徴兵を逃れたりしたが、日露戦争ではもうそういうことは許されなかった。村々には日露戦争の出征記念碑や忠魂碑があり、戦死者を悼むとともに積極的に戦争に協力した村の意思をいまに伝えている。

一方で村の祭りは春秋に変わらず行われ、農繁期や祭りの日には学校は休みになった。村の行政的な会議とは別に、村の寄り合いは以前と変わらず村を運営するさまざまな決めごとを行い、村普請の共同作業が続いていた。このように村では自治と統制が共存しつつ明治・大正・昭和の時代を進んでいったのである。

心の統制の始まり、廃仏毀釈《はいぶつきしゃく》

明治政府は中央集権的な国家を作るために人々の心を掌握することに真っ先に取り組んだ。高度な統治戦略といえるだろう。まず1868（明治元）年に神仏分離令を出した。これは神社と寺をはっきり分離せよという命令だった。それまでは神社の中に寺があり、寺の中に神社があった。家の中には神棚と仏壇があった。氏神様の信仰と仏教の信仰は矛盾するものではなく同居していた。江戸時代には寺が国家の統治システムに組み込まれたこともあって、神社より寺が優位に立っていた。神社によく祀られている「権現」さまは、仏が神の姿になって現れたものとされていた。

このような神仏習合では天皇をいただく中央集権的な国家は作れないというのが、江戸末期の尊皇思想の中心となった水戸国学の考えであり、中でも最右翼の平田派の強硬な主張であった。そこで神社を寺から独立させ、それを信仰の中心とすべしというのが神仏分離令だ。それを受け取った地方は藩籍奉還が行われたものの、藩主がそのまま知事になっていた過渡期・混乱期だった。藩主の意向で仏教への厳しい弾圧＝廃仏毀釈が行われた地域もあった。

私の住む現在の恵那市、中津川市、八百津町、東白川村など苗木藩の領地では非常に激しい廃仏毀釈が行われた。苗木藩主は平田国学に深く傾倒していた。領地内のすべての寺が廃寺となり、堂宇は打ち壊され、仏像・仏具・経文は焼却された。路傍にあった石仏も破壊された。通達に従わない村にわざわざ藩知事が出向き、村のリーダーの家にあった仏壇を目の前で焼かせたという逸話が残っている。東白川村では村人が「南無阿弥陀仏」と書かれた石塔を職人を呼んで綺麗に4つに割り、地中に埋めるなどして隠していた。昭和になってからそれを合体させて村役場横に建立し往時を偲んでいる。飯地村にあった寺の住職は還俗《げんぞく》を言い渡され寺は廃寺となったものの、仏像・仏具などは檀家の家にかくまわれた。

明治政府が形を整える中で、廃仏毀釈をやめるように通達が出され、1875（明治8）年に信教の自由が宣言されて事態はおさまったものの、寺の復興はすぐにはできなかった。飯地町では大正に入ってから、かくまわれていた仏像・仏具を再び収める形で復興した。だが、東白川村ではついに復興せず、全国で唯一寺のない村となっている。村の家々には仏壇はなく神棚しかない。

弾圧を受けたのは仏教だけではない。正統的な国家神道に組み込まれないものは、すべて弾圧された。江戸時代には人々の信仰を集め興隆を極めた修験道《しゅげんどう》は急速に衰退した。白山講などの山岳信仰も同じ道を歩んだ。御嶽講は講社が連合して御嶽教という宗教団体を作り、神道の一部として自らを再編し生き残った。

一方で神社の方も大きな再編の波を受けた。明治政府は伊勢神宮を頂点とし、それぞれの神社を格付けしてピラミッド型の権威体系の中にすべての神社を位置付けた。この流れのなかで苗木藩領内では廃仏の指示とともに、神社の合祀の指示が出た。村にあるすべての社《やしろ》を一つにまとめよ、という指示である。飯地村では山にあった大木を伐って資金を調達して山の上に新しい神社（太田神社）を建立し、そこに村内にあった小さな社をすべて廃止して合祀した。そして村人全員が氏子となり、この神社を運営することになった。これも驚くべきことに、明治維新から150年を経たいまでも続いている。新しい移住者も自動的に氏子になる。氏子の代表である氏子総代は町の自治組織の役職で、正月には伊勢神宮に参拝する大型バスが出るのが慣例である。我が家にも伊勢神宮のお札が毎年回ってきて神棚に祀られている。ちなみに太田神社以外の小さなお社はその後復興され、各組で春秋のお祭りがとり行われている。

伊勢神宮を頂点とするピラミッド型の権威体系の中に村の神社を位置付けるというのは、信仰の統制であり、心の統制といえる。しかも村の神社はピラミッドの最下層だ。伊勢神宮はいわば天皇家の氏神神社である。村々の氏神はそれぞれ独立した存在だ。にもかかわらず、明治政府は天皇家の氏神を国家全体の氏神として国民に信仰させることで、中央集権国家を築こうとしたわけだ。この国家神道は純粋な信仰というよりは政治的な色合いが強い。春夏の地区のお祭りと太田神社の祭礼とでは雰囲気が全然違う。信仰の上でも統制と自治がせめぎあってきたのである。

格差を広げた地租改正

このように明治に入ってさまざまな変化がもたらされたなかで、なんといっても村にとっての大変革は地租改正だった。これまでコメの現物で収めていた年貢が、おカネで税金を納めることになったのである。その税額は農地の面積で決められた。そのために「明治の検地」というべき全農地の測量が行われ、各農家の農地面積が確定され、それに地租税率をかけて税額が決められた。それまでは村請制度により年貢は村全体で納入していたのに対して、地租は個人が国家に対して支払うものになった。個々の農家の経営の中で税金を払わなくてはいけなくなったのである。またコメをいったん販売し、おカネにかえてから税金を払う必要が出てきた。

おカネを動かすことには才覚がある者と不案内な者がいて、両者のあいだには収入面で大きな格差が生じた。加えて1881（明治14）年から始まった松方財政の下で、緊縮財政からデフレが発生し、コメの値段が下がって地租の負担が相対的に重くなった。これに耐えられず借金をする農家が続出して、最終的に土地を失う農家が出てきた。その反対側には土地を集めて大地主になる農家もいた。

現在の田舎では、農地を見ても誰が大地主だったかは戦後の農地改革のおかげでわかりにくい。一方、山林は農地改革の対象にならなかったので、いまでも山の大地主はわかる。田舎にはたいてい食品から生活雑貨まで売っているよろず屋さんのようなお店がある。いまでは小さく経営するのもやっとな感じの商店であるが、そういう家はだいたい大地主である。明治時代に商店をやっていた家はたいてい金貸しをしており、払えなくなった借金の担保として土地が集中したのである。また医者の家も大地主だ。もちろん子息が医者になるというのは元々庄屋など有力な家である。さらに治療費を払えない村人は土地で払うということがあったので、ますます土地が集中した。

一方、土地を失った農家はその同じ土地を小作として耕作することになる。明治期には村の中に地主・自作・自小作・小作という階層分化が進んだ。

村人には国税としての地租とは別に、小学校を建設し運営するなど村の行政を運営するための村税の負担があった。村税額は各家一律ではなく、その家の経済状況を勘案して家ごとに決められた。出せるものは多く、家計が苦しいものは少なく負担するということで、これには相互扶助の側面もあった。その家の内情を皆が知っている田舎ならではのやり方である。飯地村では村税は棒捻《ぼうね》りと呼ばれ、その額を棒の本数で表現した。1890（明治23）年の記録によると総棒数5366本、最高の家は250本、平均は25本、最低の家は2本だった。村の運営は村内に大きな経済格差があることを前提として行われることになったわけだ。

そしてこれも驚くべきことに、飯地ではこのやり方がごく最近まで行われていた。戦後、恵那市を作る際に行政組織としての飯地村が消滅した後も、「町費」と呼ばれる飯地全体の自治会費の負担は各家の経済状況に応じてまちまちであり、自治会の役員が毎年の額を決定していたのである。2018年まで行われていたが、現在は一律の自治会費になっている。それだけ家庭の内情がわからなくなってきたということと、公平性に配慮すべきという意見が多くなってきたのだろう。私としては少し残念な気がする。

田舎が最も輝いた時代

時代は下って大正時代に話を進めよう。この時代は多くの人にとって印象の薄い時代といえるかもしれない。大正デモクラシーとモダンガールぐらいしか思いつかないという人もいるだろうが、これらはいずれも都会のできごとである。でもじつは日本の農山村にとって大正時代はとても重要な時代で、明治以降で田舎がもっとも輝いた時代であったといってよい。

山村の古民家というと茅ぶきの急勾配の屋根の家が思い浮かぶが、もう一つ、愛知県の三河地方から岐阜、長野の山間部では、木造の大きくどっしりとした総2階の家がある。屋根の勾配はゆるく、もともとは板ぶきであったものと思われる。私は各地でこのような家を見ていて、それらの建築年が大体100年前あたりに集中していることに気がついた。100年前といえば

1920年代、大正時代である。

この大きな家は養蚕《ようさん》をやるための作りだ。蚕《かいこ》は卵から孵《かえ》ったばかりの小さな幼虫を買い入れて、桑の葉を食べさせて大きくする。蛹《さなぎ》になるときに繭を作ったものを出荷する。春、夏、秋の飼育の時期になると1階の畳はすべてあげ、1階と2階のほとんど全部を使って蚕棚を設置し、蚕を育てる。人間は隙間のようなところに小さくなって寝る。夜中でも蚕が葉を食べるざわざわという音が家全体に響いていたという。

養蚕は山村のどこでも江戸時代の終わり頃から始まっており、明治維新の開国でシルクは日本の重要な輸出品になった。特に大正に入ってからは、アメリカ向けの生糸の輸出が盛んになり、生糸と繭の値段が高騰した。大正3（1914）年から大正6（1917）年くらいにかけて繭の値段は3倍になっている。その後少し落ち着くものの、昭和5（1930）年くらいまでの10年あまり、繭の値段はとても高かった。それを受けて山村の多くの農家が養蚕に乗り出した。その際に、ひと儲けしてさらに生産規模を拡大しようとして、家を大きく建て替えたものがいまに残っているのである。養蚕の技術は県などの積極的な開発と指導があり、この時期に飛躍的に向上し普及した。蚕の品種改良も進んだ。

繭から生糸を紡ぐ製糸業が田舎で花開いたのもこのころだ。先進地である長野県の諏訪地方などから技術を導入し、大小の製糸工場が田舎にできた。現在の恵那市明智町（当時は明知町）も製糸業の町として栄えた。庄屋から出発した大地主たちが積極的に投資をして工場を作ったのである。大正時代は町の人口の3割が製糸業に関わっていたというからその繁栄ぶりがわかる。鉄道が引かれ（現在の明知鉄道）、また水力発電所もできてインフラが整った。

現在、明智町は大正村として町全体が博物館になっている。そのメインの建物は、旧・濃明銀行の「銀行蔵」である。蔵には農家や製糸業者から買ったり預かったりした繭が保管されていた。銀行は製糸業者が繭を購入する資金も提供した。業者が仕入れた繭を担保に、繭を買い入れる資金を融資していたのである。

蔵は3階建ての立派なもので手動のエレベーターも備えられていた。ちなみに繭から生糸にする際には繭を乾燥させることが必要で、そのやり方で生糸の品質が左右された。蔵ではそういう管理もやったことだろう。

このように大正時代の山村では、養蚕の出荷基地として山の中の町が栄えた。通りは夕方になれば真っ直ぐ歩けないほど人出があり、芸者の置屋ができて賑わった。農家も現金収入が増えて豊かになった。蚕は「おかいこさま」と呼ばれて、たいそう大事にされた。山の斜面には桑畑が広がった。卵から孵化させるプロセスは共同の建物を作って結で作業をやっていた。東白川村にはその建物が各地区に残っている。

この繁栄は生糸がアメリカに大量に輸出されたことによる。生糸というのはこれに撚《よ》りをかけて絹糸を作るための原料だ。生糸には関税がかからなかった。当時アメリカは第1次世界大戦（1914－1918年）の特需に沸いた。大戦終結後にも経済成長が進み、1920年代は「狂騒の20年代」とか「黄金の20年代」ともいわれる好景気が続いた。世界でいち早く大量生産・大量消費の時代が出現し、フォードT型が町に溢れ、ニューヨークでは摩天楼の高層ビルの建設ラッシュがスタートした。繁栄を謳歌するアメリカで、シルク製品は大人気だった。人々はぜいたくなシルクの帽子、スーツやドレスに身を包んだ。1929年、ハーバート・フーヴァーは「永遠の繁栄」を公約に掲げて大統領となった。そのお裾分けが遠く離れた日本の山村に届いていたのだ。

そしてその同じ年、ニューヨークの株式市況が暴落し世界恐慌が発生、アメリカ経済はどん底に突き落とされる。当然、生糸の需要が激減し価格が急落した。日本では翌年の1930（昭和5）年から影響が出て昭和恐慌となる。養蚕や製糸のために積極的に投資をしていた農家や製糸会社が経営に行き詰まった。一つの町は、もっとも繁栄した時点で「時間が止まる」。明智町はその時点で時間が止まり、当時の建物がそのまま残されたために、のちに大正村を作ることができたわけだ。大きな総2階の古民家は山村での「止まった時間」を表現している。

100年前から田舎の盛衰はグローバル経済、特にアメリカ経済に大きく左右されていたということは感慨深いものがある。明治以降の田舎は決して自給自足だけでやってきたわけではない。積極的に市場に乗り出し、豊かになり、またそのリスクを負い、痛手を受けてきた。これからの田舎の地域づくりを考える上でも示唆に富んでいる。

禁断の果実

江戸時代から明治・大正・昭和と時代を経る中で、村の暮らしは次第に変わっていった。その中で若者の暮らしぶりが自治的なものから統制的なものに移り変わっていった。江戸時代には年頃の男性は若者組、若衆組、若連中など、女性は娘組などに自主的に参加した。参加しない者はいなかった。昼間の野良仕事が終わり、夕食が終わった後、ネヤ、トマリヤ、アソビヤなどと呼ばれた男女それぞれの「宿」に集まり、夜なべ仕事をしたり、談笑したりと若い世代だけで過ごす時間があった。そこで村のしきたりや暮らし方について学び、また性の知識も得た。

それらは村で一人前の大人になるための教育機関でもあった。男性の若衆組はお祭りの裏方やお囃子を受け持ち、災害のときには防災のために出動するなど村の運営に大きな役割を果たしていた。一方で村の中で乱暴をしたり騒ぎを起こすなど、ときには若いエネルギーを爆発させることもあったようだ。

この時代の習慣の中で、いまとなっては最も理解しがたいのが夜這《よば》いである。若い男性が未婚の女性の家に夜忍び込んで性交に及ぶという、いまでは犯罪行為なのだが、これが全国で広く行われていた。何人もの「ナジミ」の女性と関係を持つ男性もいた。昼間、女性と道ですれ違って目が合えば、それが女性からのＯＫのサインだったという。遠くに評判の女性がいるとのことで夜這いに行って、帰ってくるときには夜があけていたというような男性の武勇伝がどの地方にも残されている。一方で、若衆組に入っていないよその村の男が夜這いに来れば、それは制裁の対象になったとも聞く。この風習は昭和の初めくらいまでは続いていたようだ。

江戸時代は性に関してはかなりオープンだったようで、宮本常一の『忘れられた日本人』には性にまつわる話が多い。村に旅人がやってきて「歌合戦」で上手に歌えば「負けた」村の女性と一夜を共にするとか、一年に一度、誰と寝てもよいお祭りの日があったとか、明治のご一新を誤解して、いつでも誰と寝てもよいことになった村があったとかなどなどである。また、当時日本にやってきた欧米人が驚いたのは、女性が庭先で真っ裸で行水をしていたり、町の風呂屋が混浴だったりしたことだ。裸が恥ずかしいものという感覚がなかったのだろう。

こういうのをいまでは「性の乱れ」ととらえるわけである。それは明治に入って、警察の指導でその風俗を改めさせられてからの認識であろう。警察組織は、明治に入って早く整えられた。1873（明治6）年に内務省ができ、すぐに全国の警察を司る警保寮と東京を管轄する警視庁が設立されている。翌1875（明治8）年に行政警察規則が定められ、それまで藩や幕府の与力の組織からスタートしてバラバラだった地方の警察組織が、全国統一の組織として整えられていく。明治期の警察の重要な仕事は風俗の「取り締まり」だった。これは明治政府の最大の政策目標が、江戸幕府と欧米列強の間で取り交わされた不平等条約の改正であったためである。欧米から見て「遅れた」国だと思われないために、庶民の暮らし方に細かく介入したのだ。この流れのなかで「性の乱れ」と思われることはやめるよう指導された。それ以外でも、たとえば飯地村の記録では、娯楽のために演芸団を招いて狂言の公演を企画するのに、管轄する警察署長にその許可を求めている。愛知県豊根村で聞いた話では、村内で疫病や災害が発生したときは、村で行列を作って村はずれまで悪霊を追い払うという風習があったのだが、これも警察によって禁止されたという。

そして若者の自主的な集まりは、青年会や処女会に置き換わっていく。これは風俗を「正し」、将来有為な人材になるための学びの組織で、小学校の校長の主導でできた地域が多い。設立の趣旨を見ると若衆組などを地域社会の風紀を乱す存在と捉え、小学校卒業後にそういうものに近づかないようにするために作ったというものがある。前に述べたように小学校は村の自治に国家が介入し、中央集権的な国家体制を構築するための政策ツールであった。その校長が卒業生を村の自治的な営みを否定する形で組織化しようとしたのもうなずける。青年会はその後各地で青年団と名称を変える。これは国→県→郡→村というピラミッド型の統制組織だ。青年団は後の太平洋戦争のときには国家総動員体制の一翼を担うことになる。

江戸時代のアダムとイブの花園と思われるような自治の時代から、中央集権国家という禁断の果実を食べた統制の時代へ。若者の日々の暮らしにも大きな断絶があり、それがいまに続いている。

共有される物語を求めて

ここまで江戸時代から明治時代にかけて、村のあり方を自治vs.統制という対立図式で語ってきた。しかしながらよく考えてみれば、この両者はそう簡単にはっきり区別できるものでもない。まずどちらも個人の自由を制限するという点では同じである。村の自治にしても、寄り合いで決まったことは厳格に守ることが求められた。これには庄屋をリーダーとする指導体制があったのであり、またこれを破れば村八分という制裁が科された。自治とは集団全体の利益のために個人の自由を制限するものとまずは定義できるだろう。

とすれば明治政府が村に課した統制も同じカテゴリーに属する。明治政府の喫緊の課題は、いかに欧米列強の圧力をはねのけて自主独立の国家となるかであった。すでに江戸幕府が締結した諸条約は関税自主権の放棄や治外法権など、自立した国家としての内実を掘り崩される内容だ。植民地的な支配を受けず自立した国家として独立を確立することは、国家というスケールで「自治」を行うことであるといってもよい。そのために、国内に対しては自治を制限し統制を貫徹することによって、統一国家としての力をつけようとしたわけだ。

明治初めには、地租改正や徴兵制、学制など国家の基盤となる制度が整えられようとしたのであるが、村々ではそれに反対する一揆が頻発した。それを抑えない限り、欧米列強の圧力に屈しない統一国家を作ることはできなかったわけで、そのために村の自治を弱体化させ、統制を貫徹させるさまざまな巧妙な方策をとるようになったと考えられる。国家全体の利益のために村人の自由を制限したのが統制である。

一方で、その決まりを決めるプロセスは自治と統制で大きく異なる。村の決まりは寄り合いで決められる。寄り合いは一家の主人が参加して、一戸一票で財産の大小にかかわらず対等な立場で話し合う。そこでは長い時間をかけて納得いくまで話し合いが行われる。とはいえ、理詰めで議論するわけではなく、何か議題が投げかけられたら、そこから連想される過去の出来事や経験が話されたりして、話題はどんどん横に逸れていく。しかしひとしきり話が出尽くした後、まとめ役が「この件についてはこれでよろしいか」と諮《はか》ると、皆が「それで結構です」と答えて決定される。理詰めでは議論が得意な人、「声の大きい」人の意見が通ってしまう。そうではなくて、気安く雑談をするような感じで皆が発言をして、その発言が出尽くした上であれば、それぞれが納得のいく形で物事を決定できる。このやり方は江戸時代を通じた長い村の自治の歴史が培った知恵なのだと思う。

これに対し、明治政府の国家の形を定め、それを実現する統制策を決定したのは、ごく一部の指導者集団であった。彼らは明治維新の戦乱を戦い生き延びた歴戦の策略家たちである。また長州、薩摩出身者は欧米列強と軍事的に相まみえた経験を持つ。戦乱が収まった後も日々強まる圧力に抗して欧米列強の大使たちと厳しい交渉を続けていた。それらから得られる知見は庶民の理解できるところではなかったわけで、村の関与できる範囲をはるかに超えていたのも確かだ。彼らは統一国家を確立する必要に急かされており、一つひとつの政策について村の意見を聞く余裕はなかった。村人からすれば自分のあずかり知らぬところで決められたことに従わされることになる。これが統制である。

このように考えてくると、自治と統制の違いは、当事者として関与している程度の違いという面がある。自分が当事者としてその決定プロセスに関わった決まりを守るのが自治、そうでないのが統制だということだ。ただその違いは程度の問題であって本質的な違いではないかもしれない。

統制が可能になるのはなぜか。ユヴァル・ノア・ハラリのベストセラー、『サピエンス全史』（2016年）の中心的な議論の一つが、人間は想像力によって目の前にいない大勢の人間と共同・協力ができるということだ。共通の物語を信じることができ、これによって大規模な共同・協力ができる。これが他の動物にはないホモサピエンスの特質であり、人間が文明を作り上げてきた要因だというのがハラリの主張だ。村の自治は顔の見えるものたちの間での共同や協力である。それに対し、確かに統制は想像力の所産であるといえる。教育勅語は一つの物語であって、誰かが創作したものだ。この物語を皆がリアルなものとして、あるいは自分ごととして信じるためには、かなりの想像力が必要だ。人々のこの想像力によって、明治から昭和の戦争までの中央集権国家は成立した。

一方、村の自治も同じ氏神を信じるという信仰の物語によって成り立っている。いまでは村の氏神神社のお祭りは、真剣な信仰の場というよりはその信仰上の意味は希薄になり、慣習として行われている。しかしかつては氏神様、やおろずの神様の存在は非常にリアルなものとして感じられていただろう。その神様を共同して祀ることが村の自治において人々をつなげる基盤であった。皆同じ物語を信じていたのである。

統制の時代を経て、また皆が学校で科学を学ぶ時代になって、かつての氏神信仰の物語は人々をつなぐ基盤にはなりにくくなった。これからの村の自治のあり方を考えようとした時に、もちろん統制ではなく、では氏神信仰に変わる何が共通の物語になるのであろうか。これが「自然《じねん》の哲学」のメインテーマの一つであり、本書の後半で展開していきたい。

第3章　森と農の物語

――自然から浮き上がっていく人間の姿

宇宙から見える日本の人工林

里山とは自然に人間が積極的に働きかけて成立したもので、その働きかけの主なものが農業と林業だ。この章ではその歴史をたどって現在の里山の姿を理解したい。

日本は国土面積の約7割が森林でしめられる世界有数の森林国だ。その森林面積のおよそ4割が人工林、つまり人間が苗木を植えて育てた森である。その中心はスギ、ヒノキ、カラマツなど木材を生産するための針葉樹だ。江戸時代には原生の木を伐る林業が発達し、江戸、京都、大坂、名古屋などの都市の建設に利用された。これらの都市では繰り返し大火があり、その度に大量の木材が山から伐り出された。その結果、原生の針葉樹は江戸時代の中期には枯渇し、森林は厳しく保護されることになった。現在の岐阜県中津川市加子母《かしも》地区は徳川御三家の一角、尾張徳川藩の領地で「木一本首一本」と称されるように森林は厳重に保護されていた。

一方、苗を育てて人工的に木材を生産する育成林業が北山（京都）、吉野（奈良）、木曽（長野）、秋田などで始まった。北山や吉野では苗を密に植え、間伐（間引き）しながら大きく育てる育成法が確立した。

東海地方で育成林業がスタートしたのは、現在の愛知県豊田市稲武地区である。江戸時代、稲橋村で代々庄屋を勤めた古橋家の6代目源六郎暉皃《てるのり》は、天保の飢饉（1833－1837年）に際して村民に食糧支援をするとともに、飢饉のたびに離散・廃村を繰り返す村のあり方に心を痛め、村の共有地に植林をしてその収益を村の基盤にするということを始めた。自ら吉野に赴き、育成林業の技術を学び苗を持ち帰った。村民に範を示すため、まず自分の持山にスギの苗木を植えた。天保の植林である。明治に入って源六郎は各戸が年間に100株の苗木を植えて100年育て、101年目から1年分ずつ伐採しその後に苗木を植えるという100年計画の植樹法を始める。村民が植樹作業を行うにあたっては古橋家から1日1人玄米一升の支給を受ける。源六郎はそのための田の運用を他村に委ね、たとえ古橋家が衰亡しても植林事業が続けられるように配慮している。

稲橋村の植林計画はみごとに成功し、大正年間、8代目源六郎の時代に最初の収穫伐が行われている。その後8代目源六郎は後継者がいない古橋家の財産の多くをまとめて（財）古橋会を設立して公益事業に投じることとし、昭和の戦争の敗戦の年に逝去した。古橋会は戦後、地元に湧出する鉱泉を利用して公共鉱泉浴場を作って村民に無料開放したり、名古屋市内に奨学施設を作って村の子どもたちの高等教育を支援したりした。

この100年計画の植林事業が稲橋村だけでなく、愛知県の事業としても取り上げられ、周辺の村々へも普及していく。現在の愛知県設楽町、豊根村、長野県根羽村などである。6代目源六郎の影響が及んだ範囲が今日のスギ・ヒノキを主体とする奥三河林業地帯となった。

明治に入ってからは各県が育成林業を奨励した。明治、大正期には全国で古橋家のような各地の大地主が林業の経営をはじめ、これによって財をなした。田舎に木材問屋や運搬、製材の産業も興った。山間部に無数にあった製材所では水車を動力とする製材機が動いていた。また公益的な植林活動も盛んに行われ、共有地や村有地に村人総出で木を植え、下草刈りなどの管理も村人総出で行った。学校を建設するのに収穫した材を使うとともに、木を販売した収益を建設費用にあてたりした。飯地村の記録によれば、明治期に近隣の久田見村に県営の苗圃場《びょうほじょう》があり、そこから毎年のように数千から数万本のスギとヒノキの苗が支給され、村人の持山や村有林に植栽されていった。

一方でふつうの農家にとって人工林は大きな収入にはならず、現金収入はもっぱら落葉広葉樹の炭焼きに頼っていた。また堆肥を作るための草を刈る草地が必要だったので、山間地といえども人工林はそれほど広がったわけではない。その状況が一変したのは戦後だ。

戦争中、日本中の山の木が乱伐された。戦争をするには大量の木材が必要だったからだ。戦争の終盤には木で飛行機や船を作ったり、松の木の根を掘って油をとろうとしていた。一方、都市は空襲で焼け野原となり、戦後の復興に大量の木材が必要だった。そこで政府は苗木を植えて人工林を増やす政策を始める。拡大造林政策である。植栽に際して補助金を出すとともに、各県各市町村各地区に毎年の植栽本数が割り当てられた。農家にとっても化学肥料が登場して草を刈る必要がなくなり、炭の需要も減少することが見込まれた。そこで草地に苗木を植え、また広葉樹を皆伐してすべて炭に焼いて出荷した後に苗木を植えていった。木材の価格は高く、村人にしてみれば財産を築くチャンスだった。「一山植えれば○○百万円」と計算しながら急な斜面を苗を背負って登り、一本一本植えていった。この作業には女性も子どもも駆り出された。

共有林や村有林は戦後は財産区になったところが多い。そこにも苗が植えられた。飯地町では年に2回、苗木が雑草に埋もれて枯れるのを防ぐ下草刈りの作業を村人総出で行っていた。夏の暑い盛りに大鎌を振り回し、ハチに刺されたりヘビに噛まれたりとつらい労働だったと伝え聞く。

このように政府の政策と村人の思惑が一致して、植林フィーバーともいうべき事態となった。その結果、山間地では森林面積に占める人工林の割合を示す人工林率が80％を超えるような地域が珍しくなくなった。日本全国で4割というのは、その成果が宇宙から容易に見えるということだ。秋冬の衛星写真を見れば紅葉・落葉している落葉広葉樹林と常緑の針葉樹林ははっきり区別がつく。宇宙から人間の業が見えるのは、エジプトのピラミッド、中国の万里の長城、そして日本の人工林である。

育成の方法は吉野方式をベースにした密植法で、それが全国に普及した。典型的には1ヘクタールあたり3000本の苗木を植栽する。だいたい2メートルくらいの間隔だ。それから数年は夏に下草刈りをする。その後は、植えた木以外に自然に生えてくる樹木を伐採する除伐を行い、15年ほどで最初の間伐を行う。その後5年から10年おきに間伐を繰り返しながら、残った木を太く大きく育て、スギで50年、ヒノキで60年ほどで皆伐し収穫するというやり方である。

間伐した材もおカネになった。直径10センチほどの細い材は建物を作るときの足場に使われた。それより太くなると電柱に使われた。間伐材の収入を間伐費用に充当し、最終的な収穫によってそれまでの投資を回収して利益を上げるというのが典型的な林業経営である。実際、1980年代までは植林した山は農家の資産となった。子どもが大学に行くとか結婚するとかいうときに、一部を伐採しておカネにしてその費用にあてたりした。植林した山を売って、その資金で田舎に工場を建てて事業を始めたという話も聞く。また戦後、財産区を持っていた村では、市町村合併で村がなくなっても独自の行政を行っていた。戦後すぐ恵那市を作る際に消滅した飯地村は恵那市飯地町となったものの、町の運営は財産区の収入を基盤に高度な自治が続いていた。市と折半で学校の設備を整えたりしている。

1980年代のバブル経済の時代、木材の価格はピークに達する。岐阜県東濃地方では東濃檜《ひのき》というブランドが確立し、全国の市場で特に高く取引された。ある専業林家のご主人は、当時の1か月の飲み代が50万円ほどだったと豪語していた。当時すでに田舎は過疎が進んでいたものの、経済的には潤い、村は豊かになった。

しかし、バブル経済崩壊以降、木材の価格は急落する。その背景にあったのは、木材の輸入自由化と家の建て方が変化したことだった。戦後の木材不足期、1964年に政府は早々に木材の輸入を自由化し関税をゼロにしている。さらに1960年代後半から都市への人口集中の受け皿として郊外の住宅団地が全国にできていった。そこに建てられた戸建住宅は1970年代からは洋風の家が多くなる。障子と襖の和風の家は、材が十分乾燥していない状態で建てられ、むき出しになった材の表面から水が抜けていくとともに材が歪む。歪んでも家の強度が落ちないように木目を読み、適材適所で材を使うのが伝統的な大工の技だ。障子や襖は少々立て付けが悪くなってもすぐに修正が可能だ。

それに対し、洋風の家はドアになり、これは周囲の構造が少しでも歪むとすぐに閉まらなくなる。その度に住宅メーカーは補修のために職人を派遣しなくてはいけない。瑕疵《かし》保証があるので10年は無料での補修となる。これでは住宅メーカーはたまらない。そこで住宅メーカーは乾燥して水分量の揃った材を求めるようになる。これに応えたのが総合商社で、アメリカやカナダからすでに人工的に乾燥された材を大量に輸入し供給した。木材乾燥について日本の技術は立ち遅れており、国産材は敬遠されるようになった。また伝統的な軸組構法以外に、アメリカから入ってきた合板で構造を作る2×4《ツーバイフォー》の家や、軽量鉄骨など新しい構法が普及していったことも国産材が使われなくなった理由だ。

もう一点、外国産材に負けた理由がある。それは日本の林業・木材流通が住宅の大量生産体制に対応できなかったということだ。拡大造林が成功して後は、大地主の専業林家の山はその一部となり、多くは小規模な山主の山だった。彼らはたいていは農家であり、山から経常的な収入があることを当てにしていない。彼らは特別な出費のときにしか材を出荷しないので、地域全体での計画的な材の出荷は望むべくもなかった。加えて、旧来の既得権益に守られた複雑な流通経路も災いした。この点でも総合商社が流通を仕切り、注文ファックス一本で材が届く外国産材に負けてしまった。

その結果、国産材の値段は近年ではピーク時の7分の1とか8分の1とかになった。当然かつての「濡れ手に粟」の儲けは期待できない。山主は急速に山への関心を失った。間伐して市場に出しても材の値段は安く、かえってその費用が赤字になる。つまり間伐するには出費が必要ということで、山主が間伐をせずに管理を放棄する山が激増した。

そうすると山は成長した隣同士の木の樹冠が閉じて鬱蒼《うっそう》とした森になる。地面に光が届かず、草すら生えなくなる。斜面では大雨が降ると土壌が流出して根がむき出しになる。集中豪雨が降ると山の斜面が崩れるようになる。木は光を求めて周囲の木と競争するため太らずに上に伸びヒョロヒョロの木になる。台風などが来ると折れたり浅い根が風に揺らされて大量に倒れたりする被害が生じる。これが21世紀初頭の日本全体の人工林の典型的な状況になった。

昔の田舎の風景を知る人は「村が暗くなった」と言う。かつては草地が広がり、スカスカの雑木林が尾根に乗るような風景だ。少し高いところに登れば遠くを見渡せた。それがいまは、かつての草地にも雑木林にも鬱蒼と針葉樹が茂っている。間伐遅れの森の中は本当に暗く、まるで映画館に入っていくようだ。見通しは悪く、田は日当たりが悪くなり、家のすぐ後ろまで鬱蒼としているので、湿気がひどく梅雨時には家の中がカビだらけになる。かつての明るい山では春から秋までさまざまな山菜やキノコを採取することができたが、いまではごく限られたものしか出てこない。山の楽しみも失われてしまった。

この状況に拡大造林一辺倒だった政府は政策を転換させる。木材価格が激しい上下を経ているうちに、植栽してから50から60年が過ぎ、本来ならば材を収穫をする時期になっている。しかしいま収穫して販売しても利益は出ないし、伐採後に再び造林する費用は出ない。いまはとにかく間伐を続けて、将来に少しでも良い森を残して時機を待つということしかない。そこで政府は間伐に対して補助金を出すようになった。伐った材を搬出するための作業道の開設にも補助金を出し、伐った木を山に放置せず出材するよう誘導している。それらの補助金は近年では年間２００億円の規模に上る。林業界は森林組合が合併して広域化することで体制を整え、これも補助金で高性能林業機械を導入して作業の効率化に努めている。製材業界では材を人工乾燥させる技術が確立し、品質上で外国産材に対抗できるようになった。各地に大規模な製材工場や木材コンビナートが作られ、大量生産に対応できる体制が整った。減少し高齢化する一方だった林業従事者は各種の人材育成策によって若返りを果たし、人数の減少も止まりつつある。山間地では若い林業従事者の姿をふつうに見かけるようになった。森林組合の土場には年間を通して丸太が山積みになっている。全体的に見て日本の林業は２００５年頃に底を打ち、上昇基調に入っているといえる。

めでたしめでたし……であろうか。

山で働くことの意味

近年では林業が息を吹き返ししつつあり、若い現場作業者も増えてきた。都会で働いていたものの、その働き方・暮らし方に疑問を持ち、自然の中で体を動かして働きたいと林業の世界に飛び込んできた人が多い。私は岐阜県東濃地方の森林組合の若い現場技術者に話を聞く機会があった。彼はいまの仕事がとても楽しいと言っていた。何がいいかといって、ふつうは誰も入れない山の中に入ってその環境を独り占めすることができることだという。仕事の合間に山菜やキノコを採取し、昼飯は山の中でバーベキューをやったりするのがたまらないとも話した。もう都会のオフィスで1日中パソコンに向き合うような仕事はできない。給料が安いのは木の市場価格を見ていると仕方ない、その中でよくしてもらっていると思うとのことだった。

とはいえ、復調してきた林業の最大のアキレス腱は、若い林業従事者がなかなか定着しないことだ。先進的な森林組合でも、せっかく新規に採用しても4、5年でやめてしまう人が多いと聞く。林業の現場は高い技術・技能が必要とされる。やっと一人前になったと思ったらやめられてしまうと雇う方としては頭が痛い。

この問題は案外、林業だけでなく日本社会全体の本質的なところを突いていると思う。彼らの現場はいまや牧歌的なものではない。木を伐り倒すところは依然としてチェーンソーで一本一本伐り倒していくが、そこからはほとんど重機で作業を行う。重機がワイヤーで丸太を引っ張って作業道まで出す。機械の大きな爪で丸太をつかみ、枝を払って一定の長さに切る。キャタピラ付きの戦車のような運搬車で土場まで運び、再び大きな爪で丸太をつかんでトラックに載せる。それらの機械が入るよう広い作業道を山の斜面に入れていく際にも、重機を使って山を掘り崩す。現場では重機が轟々と音を立てて動き、チェーンソーの作業も1分1秒を争う効率性を求められる。

このように作業を機械化し効率を追求した結果として、丸太の値段が大きく下がっても、外国産材に対抗できるようになったのだ（もちろん補助金が入っての話だが）。しかしそのためにその職場は雰囲気として都会の工場や建設現場とそれほど変わらないものになっている。都会の仕事や暮らしにモヤモヤして田舎にやってきた若者たちは、山の中で再びモヤモヤすることになる。

それに加えて危険な仕事だ。労働災害の発生率は全業種の中でだんとつのワーストワンである。残念ながら全国で毎年30から40人が林業の現場で死亡している。いまの世の中で刃に保護カバーがついておらずむき出しの機械というのは、チェーンソーと刈り払い機ぐらいのもので、チェーンソーによる事故は後を絶たない。もちろん現場技術者は作業の安全について徹底して叩き込まれる。その基本に従って作業をしていれば事故は起きないのであるが、事故はそこから外れたときに起きる。私が愛知県で聞いた事例では、木を倒したときに隣の木に枝がかかって途中で止まる「かかり木」になったものが倒れて、その下敷きになったというものだ。間伐遅れの林の木を倒すときはしばしばかかり木になる。とても不安定で危険な状態だ。その処理は今日では林業技術者の主要な技能の一つとなっている。かかり木になったときはその木の処理を完了してから次の作業にとりかかるのが基本だ。しかし、この事例ではかかり木処理を後回しにして伐採を続けていたという。伐採の効率性が求められている中で、焦って基本を外れてしまったものと思われた。

さらに加えて収入が低い。1970年代の記録を読むと、当時は現場で作業するのは森林組合に雇用された職員ではなく、作業班という請負組織だった。仲間でグループを作り、一つの現場の仕事を請け負う。現場近くに飯場を作って皆で泊まり込みながら仕事をする。仕事が完了しておカネが入ればそれを皆で分配する。その収入は、森林組合の企画担当や県の指導職員らのホワイトカラーの給料よりも高かったという。それが請負代金がどんどん下がり、逆転してしまった。そこで近年では待遇改善策として、作業班を森林組合が雇用するようになった。しかしながら、ホワイトカラーよりも給料が安い状況は改善されていない。危険な現場で汗を流す人間が一番高い収入を得るべきではないのか。

また木は一つの命である。かつて斧で倒していた時代には、刃を入れる前に祈りを捧げ、倒した後にも先端の枝を切り株にさして祈りの儀式をしたという。効率性を追求するあまり、命をいただくことの重みが忘れ去られているのではないか。これは林業だけの事情ではなく、広く私たちの社会全体の構図だ。若い林業従事者が4、5年でやめてしまうということは、この社会全体の歪みを、彼らが一身に受けて表現してくれているものと私は思う。

そして雑木林は失われた

日本の森林のうち4割が人工林だと前に触れたが、その残りのうち、5割は天然林だ（1割は竹林や無立木地）。天然林の中で、手つかずの原生林というのはごくわずか（4％といわれている）で、あとはいわゆる雑木林である。「天然」というのは人間が伐った後に自然に生えてきた森という意味だ。二次林ともいう。戦前までは山は草地と雑木林が同じ程度、人工林は多い地方でも3割ほどだった。

雑木林は東海地方ではコナラ、アベマキなどのドングリの木がメインであとはヤマザクラ、カエデなどの落葉広葉樹である。そこにマツが混じっていたことが多い。雑木林は実に多様な植物が生え、またそれに応じて多種多様な動物が生息する、生物多様性がとても高い森として維持されていた。

その圧倒的に多様な森を利用して、村人たちは暮らしてきた。まず自分たちが食べる食べ物を採取してきた。年間200種類ともいわれる山菜やキノコ。ウサギやイノシシなどの獣。キジやヤマバトなどの鳥。それらを町に持って行って売ると、現金収入にもなった。冬の炭焼きは養蚕が良かった一時期を除いては、ずっと現金収入の柱だった。

先日、私たちは村の人に教えてもらってカヤの実を拾って食べた。カヤの木は秋になるとたくさんの実を落とす。柔らかい果肉を取り除くとドングリと同じような硬い種が出てくる。これをまず灰汁《あく》に付けてアクを取る。これに1か月。日に乾かした後、炒《い》ってから皮を割る。そうすると緑色のナッツが出てくる。爽やかな香りがなんともいえない絶品だ。昔はどこにでもあったカヤの木はいまではほとんど見られなくなったという。かつての里山の暮らしの一端を垣間見た思いだ。

東濃地方では、かつて渡り鳥を霞《かすみ》網でとる文化があった。東白川村出身の映画監督今井友樹によるドキュメンタリー映画『鳥の道を越えて』はそのようすを詳しく、また詩情豊かに伝えている。シベリアから越冬するために渡ってくる渡り鳥は、秋に日本海を越えて内陸に入ってくる。その時に峰々を越えてくるのだが、稜線の中のできるだけ標高の低いくぼんでいるところを狙って飛んでくる。その近くに霞網を仕掛ける。霞網は細い糸で編んだ長方形の網で、竹などを支柱にして立て稜線に延々と伸ばす。網の下の方にカエシとなる袋状の部分があって、ここに鳥がかかって逃げられなくなるという仕組みだ。囮《おとり》の鳥を飼っておいて、カゴに入れて鳴かせるとその声につられて群れが降りてきて網にかかる。文字通り一網打尽だ。シーズンになると、村人たちは近くに小屋を建ててそこに詰めて鳥をとる。この小屋を鳥屋《とや》という。1871（明治4）年の飯地村の記録を見ると、当時200世帯ほどの村で鳥屋場が93か所あった。半分近くの家が鳥屋を持っており、中には4か所の鳥屋を持っている家もあった。

秋になると、コメの収穫は女子どもに任せて、男たちは皆鳥屋に上ったという。鳥が獲れれば、その場で毛をむしり、小屋の中の囲炉裏の炭火で炙《あぶ》って生姜醤油のたれをつけて食べた。女も子どもも弁当を持って鳥屋に上がり、秋の味覚を楽しんだという。これを鳥屋遊びといって、毎年の皆の楽しみだった。また獲れた鳥は麹《こうじ》につけて正月のご馳走になった。年寄に話を聞くと、男も女も鳥屋での楽しい思い出に話がはずむ。

渡り鳥の中でもツグミが良いとされた。男たちは日頃からツグミを飼い、上手に鳴かせるように大事に育てた。本来ツグミは秋には鳴かないのであるが、餌のやり具合で秋に鳴くようにさせたという。村々に高度なノウハウが蓄積されていたのだ。

しかし、戦後すぐGHQからの指令で鳥獣保護の観点から霞網猟は禁止された。その後も東濃地方では非合法と知りつつ続けられ、自然保護団体による警察への通報などが続き、さすがに最近では見られなくなった。鳥屋の文化は失われてしまった。

渡り鳥たちは木の実を食べ、種を糞と一緒に落とす。渡り鳥が通る「鳥の道」には、実のなる広葉樹が点々と生えていたという。鳥たちは自分たちの食料を自分たちで森を作ることで準備していたのだ。そうやってできた「鳥の道」を人間が巧妙に利用していたわけだ。

戦後、その雑木林の木を伐って針葉樹を植林し、見渡す限りの人工林を作った。それはもっぱらおカネをもうけるためのものだった。その結果として「鳥の道」も失われた。じつは私の家の裏山にも鳥屋のあとがある。いまは鬱蒼としたヒノキの林で、ここに網を張ったとか、鳥の群れが飛んできたという情景は想像できない。GHQに禁止されなくても鳥屋の文化は失われたことだろう。

渡り鳥だけではない。間伐が遅れ、鬱蒼とした人工林には、草すら生えていない。外から見れば一見緑豊かだが、一歩森に入れば、ここで生きているのはスギやヒノキだけという、生物多様性を著しく欠いた場所になっている。戦後の拡大造林策は、まれに見る大成功を収めた政策だが、その結果として、生き物の住む場所を損ない、村人は毎日の暮らしの糧と季節の楽しみを失うことになった。仮に林業が復興したとして、人工林でも適切に管理すれば下草が生え、生物多様な森ができるのであるが、それにしても人工林の面積は大きすぎると私は思う。

森づくりビジョン

将来の日本の森林をどのようにしていったらよいのか。大局的なビジョンがないところにさまざまな混乱がある。前に紹介した森林組合の若い現場技術者が、林業の仕事のやりがいとして働く環境のことをいっていたものの、仕事の中身そのものの話は出なかったのが私は気になった。

また他の現場経験者からは「誰の何のために命がけで仕事をしているのかわからない」という意見も聞いた。もっともだと思う。

ふつうの森林組合や林業会社がやっている林業は請負型と呼ばれ、その時々に山主から依頼された山の間伐施業を行う。次にこの山にいつ来るかわからないし、その山が将来どうなっていくのかもわからない。いきおい当面の利益を確保することだけに集中することになる。これでは現場で働いている人間は心が壊れてしまう。

一方、明治からの大地主が自分の山で行っている林業は自伐林業と呼ばれる。当主は自分の山の隅々のことまで知っていて、将来全体としてどういう山にしていくかのビジョンがある。それを元に毎年の経営計画・施業計画を作っていく。ある時期には利益が薄くても将来の利益を見込むという長期的な経営ができる。実際そういう山に行くと、戦前に植えられた樹齢100年ほどの立派な林がある。それをいま収穫して利益を出すことで、戦後に植えられた山の管理に経費を使うことができる。

自伐林業のあり方を小地主の山の林業に適用しようとするのが、自伐型林業推進協会代表の中嶋建造氏らが提唱する自伐型林業の考え方だ。小地主たちが集まって一定の面積の山を一つの単位とする。その山を責任を持って管理し長期にわたる森づくりを行う主体を育てる。これは山主でなくてもよい。各地で新規参入の若者達がグループを作って取り組み始めている。間伐を繰り返しながら時々の利益を上げ、皆伐せずに大径木《けいぼく》へと育てていく。大型の重機を使わず、小型の機械で身の丈にあった施業をする。そのため作業道は細いものでよい。ちなみに請負型と自伐型で違いが際立つのが作業道の入れ方だ。請負型では今年作った作業道を次にいつ使うのか展望はない。そこでできるだけコストをかけずに道を作る。そうすると豪雨が来たときに崩れてしまうようなものができやすい。それに対し自伐型林業では、同じ道を繰り返し使う見通しがある。そこで丁寧に崩れないような道を作る。

自伐型林業は人工林の将来を考える上でよい材料だ。ただ、そもそもこれほどの人工林が必要なのかという疑問は残る。また、全体の半分をしめる天然林は、炭焼きの時代が終わった後ほとんど活用されずに放置されたままであることも問題だ。ドングリの木は大木となり、そのために全国で虫の害で枯れるものが出てきている。ナラ枯れだ。森林の構成を考え直し、天然林の活用も検討する必要があるだろう。

現在の木材需要を賄うとすれば、人工林率は25％程度でよいだろう。その分、天然林を増やしてその割合を50％から65％に増やす。こちらは木工材や燃料材としてフル活用していくことを提案したい。かつて天然林（雑木林）は炭を焼いて都市に供給され、日常の煮炊きや暖房に使われた。再びエネルギーとして利用する時代を展望したい。森林面積の65％をしめると想定した天然林から供給可能な上限の値は、現在の石油に匹敵するほどのエネルギー量である。

天然林ではかつてのように小面積の皆伐を行ってキルト状の山にする。再び生き物にあふれる生物多様性の高い雑木林になる。伐った木は、良い木は家具材として活用する。それ以外はチップにして、基本的には発電を行い、その際出る熱を暖房や温泉施設、農業施設の加温などに利用する。切り株からは新芽が出てまた次の世代の木が自然に育っていく。このような天然林の林業を大々的にやっていけばよい。針葉樹から広葉樹に転換する人工林は、間伐を繰り返して密度を減らし、木と木の間には広葉樹を育てて最終的には広葉樹林（雑木林）になるよう施業していく。

自伐型林業の延長に、こういう大局的なビジョンを持って林業の将来を考えたい。そして若い現場技術者たちには、自分の仕事に対する夢とやりがいを見出してもらいたいと思う。

慣行農法の功罪

ここからは農業のやり方の変遷と、それに伴う里山の変化についての話をしていこう。

高度経済成長前まで、コメを作るのはとてつもない重労働だった。田おこしはいまではトラクターでスイスイとできるが、かつては鍬《くわ》で一振り一振りやっていた。馬や牛を使うのが普及したのは意外にも昭和に入ってからだ。戦争で銃後の人手が足りなくなることの対策として政府が推奨して一般に普及した。田植えは結でやるのだが、その準備の苗取り（苗床から苗を一本一本抜いて束にすること）は各家でやっておかなくてはいけない。経験してみなければわからないのだが、これが意外に辛い作業だ。愛知県豊田市足助《あすけ》で聞いた90代のおじいさんの話では、もともと体が弱く、田植えの前日の夜中になっても苗取りが終わらない。母親が「明日みんなにわしから謝ってやるからもう寝なさい」と言ってくれたと、何十年も前のことに涙した。

かつての農作業を再現した動画を見ると、夏の田の草取りは凄惨な光景だ。炎天下、四つん這いになって広い田んぼを這いずりまわり、イネの根元を掻いて水草を取る。そのうえ、堆肥にするために延々と山の草刈りもしなければならない。夜が明ける前から山に出かけて草を刈り、ひとしきり汗を流してから朝食をとり、それから暗くなって手元が見えなくなるまで作業が続く。当時は1日5食の生活だったそうで、それぐらい食べなければ体力が続かないということだったのだろう。愛知県豊根村に戦後すぐ婿養子にきたというおじいさんに話を聞いたところ、草刈りの鎌が年に2本すり切れて打ち直したという。つらくてつらくて、いつ逃げ出そうかと思ってやっていたそうだ。

いまはダム湖に水没した岐阜県徳山村のかつての暮らしぶりがわかる写真が、徳山ダム近くに建設された徳山会館に展示してある。そのなかに、山の田んぼから稲刈りをした稲ワラを背負って下ろす姿を映した写真があった。山となったワラ束を背負うと、一人では起き上がれない。他の人に両手を引っ張ってもらって起き上がり、険しい山道を歩いていく。さらには男性が吊り橋を重たい脱穀機を背負って（！）渡っている写真には衝撃を受けた。これらに限らず、農業は重労働なくしては成り立たなかった。はざにかけた稲束を下ろして足踏脱穀機で脱穀し唐箕《とうみ》にかける。冬の便りが聞こえる頃には焦る気持ちがつのる。季節は待ってくれない。稲刈りが終わった田んぼに麦をまく。田の仕事が終わると山に上がって炭焼きだ。チェーンソーも運搬車もないすべて素手の作業だ。夜はカヤで炭俵を作る夜なべ仕事に精を出す。

私が子どものころ、田舎のおばあさんは皆歩くとき背中が水平になるほど腰が曲がって杖をついていた。どれほど厳しい労働だったか、いまとなっては想像を絶する。

そのような農業が変わったのは、高度成長期にさしかかったころだ。農業基本法ができたのが1961年。政府は農業の近代化をめざしてさまざまな施策をうつ。政府の強力な指導によって化学肥料、機械、農薬が導入された。私は1962年生まれで、幼い頃に耕耘機が、小学校に上がる頃には田植機と稲刈機（バインダー）が普及した。小学校の高学年になるころには、夏になると農薬散布によって飛散した粉であたりが白くけむった。独特の匂いが鼻をついた。こうしていまでいう慣行農法が確立した。

戦後行われた農業基盤整備事業は人工林を作った拡大造林と並ぶ、「宇宙から見える」大成果である。それまでは一枚が小さく不定形の田んぼが連なるのがふつうだった。戦後すぐ全国で米軍が撮影した空中写真を見ると、田んぼはモザイクそのものだ。それを長方形の広い区画に整理し、灌漑水路と排水路を整備する。これが農業基盤整備事業だ。各地で土地改良区が結成され、国の補助金を受け入れて事業を進めた。水路はコンクリートで固められ、すべての田に農道がつながり大きな機械が入れるようになった。これが全国の水田のほとんどすべてで行われ、コメの生産性向上に大きく貢献した。

これらの変化は百姓にとっては奇跡以外の何ものでもなかった。山の草を刈って堆肥を積み、重たい堆肥を田に運んで入れるという重労働から解放され、袋に入った顆粒状の肥料をまくだけでよくなったのである。イネの苗は浅い箱に籾《もみ》を蒔いて芽を出し、そのまま田植機にかけられる箱苗となって、苗取りからも解放された。田植えは結でやらずとも各家で田植機を使ってスイスイできる。厳しい夏の草取りのかわりに除草剤を散布した。殺菌剤・殺虫剤の散布でイモチやカメムシの害は皆無になった。つらかった稲刈りもあっという間におわる。コメを作るのに必要な労働時間が5分の1になり、重労働から解放され、その上収量は3割増しになった。これを奇跡といわずしてなんといおう。

かつては働きづめに働かなくてはコメはできなかったのが、週に2日働けばコメができるようになった。そこで空いた時間で皆働きに出かけるようになった。現在愛知県豊田市になっている足助、旭、下山、小原など周辺の町村には、トヨタ自動車の工場に通勤する送迎バスが縦横に走った。それ以外の仕事も生まれた。田舎では土地改良、砂防工事、河川改修、道路建設、ダム建設など公共工事が盛んに行われるようになり、田舎に土木建設業者がたくさんできて、皆、日当仕事に出たのである。

当時、コメの値段は高かった。戦時中から続く食糧管理制度によって、コメは全量政府が買い取った。買取価格である生産者米価は高く、販売価格である消費者米価は低い。農家は政府に守られていたのである。そのコメの収入に加えて賃金が入った。「ダブルインカム」だ。これで田舎の百姓は都会の労働者に引けを取らない収入を得るようになり、田舎は豊かになった。高度経済成長の果実は田舎にも確実に届いていたのだ。

しかしその一方で、田んぼの生き物は激減した。村で話を聞くと、かつては水路や小川に魚が「湧いてくる」くらいいたという。それを採るのは子どもの仕事でしばしば食卓に上っていた。いまではほとんど見られない。メダカすらコンクリートの水路では生息場所を失い、見かけなくなった。タガメ、ゲンゴロウなどの水生昆虫も珍しい生き物になった。それらを採っていた鳥も減った。田んぼの鳥であったトキが絶滅したのはその象徴だ。

近年、「半農半X」の暮らしを目指して田舎に移住してくる若い人たちが増えたが、彼らがまず戸惑うのは、畑を借りて無農薬で作りたいというと、地元の人は全く理解しないどころか、場合によっては周囲に迷惑がかかるからやめろと諭されることだ。田舎の人たちは農薬が好きだ。おじさんたちが集まると、あれは効くとか効かないとか、農薬談義に花が咲く。家の周りに草が目立つと簡単に除草剤を撒く。茶色に枯れはてる独特の景色になるが、田舎の人はまったく気にならない。

それはかつての奇跡の経験があるからだ。野良仕事をろくにやったこともない人間が田舎に来て、有機無農薬でやりたいという。田舎の人にしてみれば、かつての凄惨な重労働の日々が思い起こされる。お前たちにそれができるのか。できるわけないだろう、簡単に言うな、というわけだ。

その気持ちは、わかる。だとしても、将来にわたっていまのような農業を続けていくのか、いけるのか。そこを考えなくてはいけない。

第２種兼業農家という生き方

日本の農業の近代化が完成しつつあった１９６８年。この年は日本農業にとって運命の年といえる。１９６０年代は近代化の効果と高く維持された生産者米価のおかげで、年々コメの収穫量が増えていた。一方、コメの消費量は１９６２年をピークに減少し始めていた。結果としてコメが余るという事態になったのが１９６７年。続く68年も豊作で2年連続でコメが余るという事態になった。コメは政府が全量買い取っていたので、政府の倉庫にコメの在庫が山積みになった。ここから生産調整が必要とされ、減反《げんたん》政策が始まる。

また、カロリーで見た食料自給率が１９６０年代から目に見えて下がり始めた。近年は40％前後で推移している。コメの消費が減ったことと食料自給率が下がったことの間には深い関係がある。１９６０年当時、日本人の平均的なコメの消費量は年間一人当たり約１２０キロ、つまり２俵だった。それが現在では54キロと1俵をきっている。それだけコメでカロリーを摂らなくなったということだ。そのかわりに、肉と油でカロリーを摂るようになった。私の子どもの頃は揚げ物というのは田舎では食卓にまずのぼらなかった。年に何回か天ぷらが夕食に並ぶと、とてもうれしかったものである。それがいまでは、都会でも田舎でも揚げ物を食べない日はないほどだ。

日本政府は、高度経済成長を実現するために貿易の自由化を熱心に進めた。鉄・船・自動車などの重化学工業製品を海外に輸出することで、経済成長を遂げようとした。そのためには輸入も自由化する必要がある。その結果、１９６０年に多くの農産物の輸入が自由化されたのである。ダイズ、ナタネ、飼料用トウモロコシなどが自由化され、海外の安い作物を総合商社が大量に輸入するようになり、これらの国内での生産は大幅に縮小した。現在では食用油はほとんどすべて輸入されたナタネやダイズから絞られている。家畜の飼料も輸入に頼っている。政府がずっと守ってきたのはコメであり、それ以外は工業の利益のために切り捨てられた形だ。その結果、食が洋風化しカロリー摂取がコメから肉と油にシフトするにつれて、自動的に食料自給率が下がるという仕組みになった。ちなみに先進国でこのように短期間で劇的に食文化が変わった国は他にない。他の先進国の多くが工業国であると同時に農業国なのに対して、日本の農業の比重はとても小さくなってしまった。

肝心のコメの消費量が下がり続け、減反を進めてもコメが余る状況になったため、食糧管理制度の意義が失われ、政府はコメを高く買って安く売るという逆ざやを税金で負担することの説明が難しくなった。そこで政府が関与しない市場での流通を認め、その取り扱い量が年々増加することになった。１９９０年代には政府の取り扱い量はごくわずかになり、ついに食糧管理制度は

1995年に廃止され、コメの流通は全面的に市場にまかされるようになった。コメの市場価格はしだいに下がり、一方で、コメの生産費は上がり続けた結果、いまでは平地の大規模農家以外は採算割れの状態となっている。1985年以降、コメは儲からない作物になった。

生産費の上昇に大きく寄与したのが機械代である。耕耘機はトラクターへ、田植機は乗用型に、稲刈機はコンバインへと急速に更新されていった。農家は1年に2、3日しか使わないような機械を何百万円もかけて購入した。農協と機械メーカーが連携して、農家に対して積極的に営業した結果でもある。農家の横並び意識もあったのか、各家でこれらを1台ずつ購入するということになった。営利事業として冷静に考えればありえない事態である。これが生産費を押し上げた。一方、コメの値段が下がり続けたため、機械代のローンをコメの売り上げでは返せないという事態になる。いわゆる機械化貧乏というやつだ。農家は兼業の賃金収入で機械代を払い、コメづくりは採算割れで続けるという事態になった。

専業農家は、北陸・東北などのコメ産地以外では、コメを諦めて施設園芸、果樹、茶、畜産にシフトした。特に都市近郊の平地では、ハウスで生鮮野菜を作る施設園芸が盛んになった。一例をあげれば、愛知県安城市はキュウリの産地として有名になった。ここでは農家は夏の旬の時期が休みになる。秋口に植え付けし、ハウスに暖房を焚いて冬の間中収穫が続き、春先に出荷が終了するというサイクルだ。正月は出荷の最盛期で「靴を履いたまま寝る」ような忙しさである。スーパーに行くと夏の野菜も冬の野菜も年中あっていつが旬かわからなくなっているが、これはコメからシフトした専業農家の生き残り策の結果だったといえる。

とはいえ専業農家は全体から見ればごくわずかで、大多数の農家は第2種兼業農家になっていった。いったん都会に出た息子が後継ぎだからと呼び戻され、田舎の役場、郵便局、農協、建設会社、工場などに勤めながら、もっぱらおじいさん、おばあさんが百姓をやり、田植え稲刈りは休みの日に息子たちが手伝うというスタイルだ。採算割れでなぜコメを作るのかと聞くと、以前は「買うよりは安い」という答えが返ってきたが、最近では「買ったほうが安いかも」という声も聞かれるようになってきた。代々受け継がれた土地を荒らさず維持するということと、離れて暮らす子どもたちや親戚にコメを送りたいということ、純粋にコメづくりが好きというのが主な動機だ。

こういう事態を嘆く向きもあろうが、私は第2種兼業農家というのはとても良い農のあり方ではないかと思う。おカネを稼ぐためにやるのではなく、自分たちが食べるための農だ。さすがにダブルインカムではないが、シングルインカム＋コメ野菜自給で生活に不安はない。年寄りは生涯現役だ。これだけ見れば若い人たちが憧れる半農半Xと何も変わらない。

しかし、近年ではそれも維持できなくなってきた。おじいさん、おばあさんの体がさすがに動かなくなってきた。息子は働き盛りで忙しい。それどころか、最近では息子・娘が帰ってこない高齢者世帯が増えた。体が動かなくなれば百姓を引退し、農地は他者に委託することになる。そうしなければ耕作放棄地となる。

委託されているのは、地域の比較的若手の農家で、大型の機械を一式揃えて、田おこし、田植え、稲刈りを請け負う。水の管理と草の管理は各農家がやる。いまではこれが一般的になってきた。中には数十ヘクタールの委託を受ける農家や農業法人が出てきた。最近では100ヘクタールを超える作付けをしている法人もあるという。委託とは土地を買ったり借りたりするわけではなく、農作業を請け負うことだ。農家は土地を手離すのには抵抗があるため、日本独特の制度である。これによって実質的に大規模農家に土地が集約されていくことになる。じつは1961年に制定された農業基本法は大規模農家の育成を一つのテーマにしていたのだが、意外にも多くの農家は土地を手離さず第2種兼業農家になって耕作をやめなかったので、土地の集約化は起きなかった。制定から半世紀以上たってやっと、国が思い描いた姿に近づいてきたといえる。

こういう中核的な農家がいない中山間地域では、集落営農組織を作り、国の補助金で機械を買って委託を受けるというやり方で、耕作放棄地が増えるのを防いでいる。そのためには集落に相当な自治力がなければならず、それが失われた限界集落で耕作放棄地が広がることになる。私は岐阜県の山間地の谷間にある10ヘクタールの耕作放棄地を見たことがあるが、見渡す限りきれいに基盤整備された田んぼが草地となり低木が生えはじめている情景は、なんとももの悲しいものだった。一方、山間でも耕作放棄地がほとんどなく、立派にイネが実っている集落は多い。田んぼは地域の自治力を表現する顔といえる。

こうして振り返ってみると、時々の課題になんとか対応しながらやってきている日本の農のポテンシャルは依然として高いと思う。もちろん問題・課題山積で、新しい農のあり方を模索していかなくてはいけない。それでも農をベースにこれからの地域づくり・国づくりを考えることができるということは、とても幸せなことではないだろうか。

有機農業・自然農・自然栽培

高度経済成長の裏側で、水俣病、富山のイタイイタイ病、四日市ぜんそくなどの公害問題が起こり、大きな社会問題となった。それだけでなく、この時期は、食用油にダイオキシン（PCB）が混入したカネミ油症事件、サリドマイド薬害など、さまざまな化学物質による健康被害があいついだ。人工甘味料のチクロが発がん性により使用禁止になったのもこのころだ。

いうまでもなく、農薬もまた化学物質であり、当然ながら害があるにもかかわらず、レイチェル・カーソンが『沈黙の春』（初版時は『生と死の妙薬』というタイトルで1964年に刊行）で残留農薬問題を指摘するまでは問題視されていなかった。それゆえ、慣行農法が始まったばかりのころの農家は農薬を多投することが多く、その結果、体調を崩してしまうこともあった。そのような経験などから近代農業の弊害に気づいた農民たちが、そうではない農業の模索を始めた。

一方、野菜を買う側の消費者たちの中にも、相次ぐ公害問題や食品添加物への危惧から、食の安全性に不安を感じ、安全な食べ物を手に入れたいと考えるようになった人たちがいた。その両者が結びつき（産消提携）、「どんな虫食いでも全量買い取るから、無農薬で」という消費者の熱心な要求に支えられ、日本の有機農業運動は始まった。その後、１９７４年に発表された有吉佐和子の小説『複合汚染』で、こうした有機農業の取り組みが紹介され、徐々に広がっていったという歴史がある。

有機農業とは、政府の「有機農業の推進に関する法律」によれば、化学肥料、化学農薬、遺伝子組換え作物を使用しない、「農業生産に由来する環境への負荷をできる限り低減した農業生産の方法」である。この範疇に入る農業のあり方は、いまではたくさんある。有機農業にもいろいろな流派があるし、それ以外に自然農や自然栽培などがある。

有機農業は有機肥料を使用する。それをどこから調達するかが課題になる。かつての里山の農業はもちろん有機肥料を使う。それは山の草を刈り、牛馬に食べさせた糞尿と草を積んで堆肥にしたものだ。それを作るのは大変な重労働で、そう簡単にできるものではない。１９７０年代以降に登場した新しい有機農業では、畜産から出る家畜糞を発酵させたものを使うことが多い。専業農家がコメから畜産にシフトする中で、大規模な養鶏場、養豚場、厩舎《きゅうしゃ》が山の中に作られた。これらは臭いの問題があるために都市近郊ではできないからだ。これらの畜産施設から大量の糞尿が発生し、現在では浄化槽などで処理するか堆肥などとして活用することが義務付けられている。この堆肥を活用するのが典型的な有機農業である。そのほか米ぬかや油粕《あぶらかす》、大豆粕などの農業廃棄物を利用する。

産消提携から始まった有機農産物は次第に市民権を得て、いまではスーパーに行くと有機農産物のコーナーがあるのがふつうになった。

しかし、有機農業は矛盾を抱えることになる。というのは、家畜糞尿の元をたどると家畜が食べる飼料である。これはアメリカから輸入された遺伝子組換えトウモロコシが主流だ。また有機肥料として欠かせないナタネの油粕も、ほぼ100%カナダから輸入された遺伝子組換えナタネを絞った後のものだ。遺伝子組換え作物に与しないという理念と矛盾することになってしまう。

一方で、有機肥料すら使わない、無肥料の栽培をする流派が出てきた。それが自然栽培や自然農だ。

慣行農法は安定した収量と省力化を実現した。一方で、地域の生態系は劣化した。農家の健康被害が生じたし、消費者に残留農薬の不安をもたらした。そこで、自然の生態系を損なうことなく、むしろその一部として農作を行うという考え方が出てきた。もともとは戦前から戦後すぐにかけて、宗教家の岡田茂吉が提唱した自然農法の考え方があった。当時は未熟なままの人や家畜の糞尿を田畑に入れており、岡田はそれは土を汚し、土の力を弱めると考えた。そこで肥料をやらず土壌を清浄に保つことで作物を育てることができるとした。また福岡正信は同じく戦後すぐから自然農法に取り組み、1975年には『自然農法　わら一本の革命』を記した。実際の生態系では土壌中にたくさんの草の種がある中で、その時々の環境にあったものが発芽し育っていく。そこで各種の作物の種を混ぜた泥団子を作って、それを農地に放っておけば、そのときの環境に一番あったものが自然に育って収穫できるというのが、福岡の自然農法だ。

考え方はとてもよいのだが、本に記述されているやり方でうまくいったという話はまず聞かない。福岡が述べたのは哲学であって農業技術ではない。そこでその哲学を引き継ぎつつ、独自の農法を確立していったのが、奈良県の農家である川口由一の自然農だ。川口は専業農家で慣行農法でコメづくりをしていたのだが、農薬の害で体調を崩してしまう。そこでそのやり方に疑問を持ち、福岡の自然農法に共鳴して、そちらにシフトすることを決意する。しかし数年は無収穫だったため、独自の農のあり方を開拓していった。「草や虫を敵としない」という理念のもとで、無肥料・無農薬・不耕起で機械を使わない農法を確立した。奈良県内に赤目自然農塾を開き、自然農を学びたい人が誰でもいつでも自由に来て学べる場を作った。この塾で学んだ人が全国で自然農を展開している。

また「奇跡のリンゴ」で有名になった青森のリンゴ農家、木村秋則も無肥料・無農薬栽培だ。リンゴのような果樹は大きく甘くなるように品種改良されている。当然虫による害も激しくなる。そこで、現代品種は農薬散布を前提として開発された。木村は農薬漬けのリンゴ栽培に疑問を持ち、無農薬での栽培に挑戦する。しかし、川口と同様、数年は無収穫で行き詰まりかけていたところ、山の木は誰も肥料も農薬もやらないのに年々育つことに気づき、そのあり方を果樹園で実現することで無農薬栽培を可能にした。以後、リンゴ以外のさまざまな作物の栽培へも応用して、無肥料・無農薬の栽培法である自然栽培を確立していった。木村は全国を行脚して共鳴する農家を指導して歩いている。

私は仲間と豊田市に川口氏を招いて講座と実習をやってもらったことがある。川口氏の自然農の考え方は、自然の循環の中で作物を育てるということで、草が生えてもそれが作物に大きく影響しないならば放置する。影響しそうになったら刈って作物の足元に敷く。これが微生物で分解されて作物の栄養になる。「亡骸層《なきがら》」と呼ばれるこの層が発達してくれれば、無肥料でも作物は立派に育つようになる。これは森林の土壌のあり方と同じだ。山には誰も肥料をやらない。落ち葉が落ち、それが腐食層となり微生物による分解が進む。木は細い根をその層に縦横に張って栄養を吸収する。その栄養を使って葉ができそれがまた落ちて、と栄養物質は木の周りをぐるぐる循環している。その自然のあり方を農地の中でも追及する。

自然とは「自ずから然るべきように」なるあり方だ。化学肥料や農薬などの不自然なものを投入する人為の営みの対極にある。自然農とは自ずから然るべきように作物が育つよう、人間はその環境を整えてやる、その考え方と方法論ということだ。私たちは川口氏の実習に引き続いてコメづくりに挑戦した。田植えをしてイネが伸びつつある田に入って草刈りをしていると、足元にさまざまな水生昆虫が泳ぎまわっている。カエルやトンボもいっぱいだ。圧倒的な生き物の世界がそこにあった。その中にいるだけでなんともいえず心地よく、安心感があった。また自然農は鎌が一本あればできる、つまり体一つでできる農法で、そういう意味でも安心感がある。もちろん堆肥を作る重労働は必要ない。

一方でその作業はマニュアル化できない。その日、田畑に入り生き物のようすを観察して、人間が必要な最低限の介入は何かを理解する。それが理解できなければその日何をやってよいかわからない。収量は慣行農法よりはかなり少ないが、川口氏は「その人が必要としている量は取れる」という。それは「自ずから然るべきようになる」からだ、というのがその理由だ。つまりこれは一つの世界観、つまり哲学であって、哲学を言葉で表現する代わりに農作がその哲学を表現しているといえるだろう。

近年、田舎で農ある暮らしをしたいと移住してくる若い人たちは、有機農業というよりは自然農や自然栽培を標榜してくる人が多い。単に食料生産がしたいのではなく、世界観の表現としての農のあり方、言葉を変えれば人生としての農を自分でやってみたいのだろうと思う。それはどういう世界観なのか、おいおい詳しく考察していきたい。

第4章

水俣と福島から「生国《しょうごく》」を学ぶ

——生命に対する責任とは

滅びゆく里海

1章で里山は多様な生き物が息づく場所であると話したが、日本の沿岸部もまた、生き物にあふれる場所だった。干潟、遠浅の砂浜や岩場の磯と変化に富んだ地形に合わせて、海藻や海草が生え、稚魚稚貝が育った。人間は縄文の昔からそこから食べ物を得てきた。江戸時代には浦々に漁村ができ、新しい漁法が次々に登場して魚介類が大量に採取された。海の幸は都市でも日常の食べ物だった。山の中にも塩漬けのような形で運ばれた。また海藻を集めて雨にさらして塩を抜き、堆肥にして田畑に入れていた。最近では沿岸域の生態系も、里山と同じように人間の暮らしと密接に関係していたことから、里海と呼ばれることもある。

私が生まれ育ったのは山口県の日本海側の里海だった。浜まで歩いて3分、夏には毎日海に入っていた。潜って見かける魚と同じ種類のものが毎日食卓に上った。小さな漁港があり、船が帰ってくるとセリが行われる。それを知らせるサイレンが1日に何度も響きわたっていた。夕方には行商のおばちゃんがリヤカーに魚を積んで売りに来た。砂浜では時々地引網が行われていた。子ども心にワクワクして綱を引く人の列に加わったりした。遠浅の砂浜は歩くとキュッキュとなる鳴き砂だった。夏には海水浴客で賑わった。

それが小学生くらいになると、セリのサイレンの頻度が落ちてきた。また、地引網で上がる魚が少なくなってきた。そのうちいつの間にか海岸に沿ってテトラポットが並べられて地引網はやらなくなった。漁船の数が減り、港の一部はベニヤ板工場に原木を運ぶ貯木場になった。ときおり大きな船が湾に入ってきて大きな丸太を海に落とす。それを筏《いかだ》に組んで運んでいた。フィリピンで伐られた原生のラワンだった。一時、ラワン材を運ぶ大型トラックが往来したものの、それもなくなり（ラワンの森を伐り尽くしたのだ）、いまはヨットハーバーになっている。砂浜は漂着するゴミが多くなり、砂はいつの間にか鳴かなくなった。

高度経済成長の時代、全国で沿岸部に工業地帯が作られた。私の村は響灘《ひびきなだ》に面しており、その向こうは北九州工業地帯だった。洞海湾《どうかいわん》は水質汚濁のひどさで有名になった。そこからの汚濁物質によって沖で赤潮が発生するようになっていた。赤潮は植物プランクトンが異常発生して、海の色が赤くなる現象だ。夏に条件が整うとウズベンモウソウなど特定の植物プランクトンが大発生して赤潮になる。その大量の死骸が海の中に沈むと微生物が酸素を使ってそれを分解するために、海中に溶けた酸素を使い切ってしまう。夏は海水の浅いところの方が温度が高く、水が混ざらないので、下層が無酸素状態になり、海の底にいる魚介類は死んでしまう。日本全国で赤潮の被害が出て沿岸漁業は打撃を受けた。

たとえば、愛知県・三重県が面する伊勢湾・三河湾はかつては生き物でむせかえるような海だったが、やはり80年代以降、漁獲量は減っていった。赤潮だけでなく、青潮も起こるようになった。台風などの強風の影響で、無酸素の下層の水が海面にあがると、海が薄い青色にみえる。これが青潮だ。無酸素だから、魚や貝などが大量に死ぬ。青潮はとくに汚れた内湾で起こりやすい。湾に注ぎこむ川を通して、栄養分が大量に流れ込み、富栄養化現象が起こるからだ。

高度成長時代に都市の暮らしでは水洗トイレになっていった。そこから下水処理場に流れ込んだ汚水に含まれるチッソやリンは半分ほどしか回収できず、あとは海に流れて出る。上流の田畑にまかれた化学肥料も作物に吸収されるのは半分ほどであとは地下水に流れ、最終的に海に出てくる。製紙工場など排水の中に栄養分が多く含まれる工場排水も流れ込む。そうすると内湾では植物プランクトンが繁殖する。これが富栄養化現象だ。

生き物が減るもう一つの理由は干潟が減ったことだ。川から栄養物質が流れ込むと、干潟で植物プランクトンが繁殖する。その中心は泥の上にいるケイソウだ。これを泥の中にいるゴカイなどが食べ、貝が食べ、底生の魚が食べる。それらを鳥が食べる。そうやって干潟は生き物であふれかえる。干潟があれば少々栄養物質が増えても、それを生き物が吸収し、生き物の量（バイオマス）が増えるという形で海水から取り除いてくれる。実際、伊勢湾・三河湾の沿岸はかつて大規模な干潟が続いており、戦後しばらくは漁獲量が増えていた。しかし、それらの干潟は高度成長時代にほとんど埋め立てられて工場や港になった。そうすると川から流れ込む栄養物質は直接湾内に流れ込み、赤潮を引き起こすことになった。

近年、川の水質は改善されている。下水道が普及し、また下水の処理方法が高度化して栄養分の回収率が上がった。工場では排水の環境基準が厳しくなった。農業でも化学肥料をやりすぎないように努力している。だが一方で、内湾の生態系は改善していない。これは内湾の生態系の劣化にとって干潟が失われたことが重要であったことを示している。

木曽三川の河口がある三重県の桑名は江戸時代からハマグリで有名だったが、干潟がほとんど埋め立てられた結果、ほとんど獲れなくなった。桑名で売られているハマグリの大半は輸入モノである。それで河口にわずかながら人工の干潟を作り、ハマグリの復活を目指している。最近ではある程度成果が出てきたようだ。

三河湾でも人工干潟を作り、生き物が復活するかどうかの試験が行われている。個別には生き物が増えているものの、いまのところ漁獲量が増えるほどの成果は出ていない。三河湾はいつ見ても濁っており、その道のりは遠いと思われる。ちなみに人工干潟を作るための砂の一部は三河湾に注ぐ矢作川の上流、矢作ダムに堆積した砂をダンプカーで運んできている。ダムがなければ自然に流れ下って干潟に補給された砂を、人間が石油を使って運んでいるという、笑うに笑えない事態になっている。

湾の外の外洋に面した沿岸では、最近は磯焼けにより生態系が劣化している。磯焼けとはワカメやコンブなどの海藻が育たず、そのかわりサンゴモという硬い殻のような海藻が岩の表面を覆う現象だ。海藻は魚の生活の場や産卵の場であり、それらが消失すれば、魚介類の稚魚が育たない。結果として生き物の数が激減している。この現象の原因やメカニズムは、地球温暖化の影響という説もあるが、よくわかっていない。昔は、海岸に行くと磯のにおいがしたものだが、いまはどこの海岸に行ってもにおいを感じない。そんなとき、海の中を見ると磯焼けしていることが多い。

これまで見てきたような理由により、沿岸の漁業が衰退し、船は沖合や遠洋に出るようになった。日本だけではなく、世界中で漁船が大型化し、一度に大量の魚を獲るようになった。その結果、外洋でも魚の数が減っている。もちろん、海流の変化や地球温暖化の影響などさまざまな理由が考えられるが、人間が獲りすぎたことが一番の原因ではないだろうか。２０２０年はサンマが不漁でいまや高級魚になってしまった。もう10年も前に、世界全体で２０５０年には漁獲できるくらいたくさんいる魚はいなくなるという論文が出たが、事態はその予想に沿って着々と進んでいる。

かつて里海が輝いていた頃、沿岸の漁師や海女たちは魚介類を獲りすぎないよう、寄り合いで話し合い、自分たちでルールを決めていた。解禁日を設定し、漁具や漁法を制限した。たとえば、能登半島の海女たちは、新しい機材が出るたびにそれを導入するかどうか延々と話し合ったという。特にウェットスーツを導入するかどうかは長く検討されたそうだ。結局ウェットスーツは取り入れたが、酸素ボンベは受け入れなかった。海の生き物はおカネ儲けの商材ではなく、同じ海に共存すべき存在だ。その感覚に照らせば、どこまでやっていいのか、どこからは許されないのか、はっきりわかるのだと思う。

その感覚が失われて海の生態系は劣化した。それを海女たちのものだけでなく、社会全体で取り戻すためにはどうすればよいのだろうか。

水俣病

海洋の汚染によって里海が損なわれた象徴的な事件が水俣病だ。熊本県水俣市は明治に日本窒素肥料株式会社が工場を建設してから企業城下町として繁栄した。化学肥料の窒素肥料を製造する事業からスタートして、塩化ビニルなどさまざまな化学物質を作る先端企業だった。プラスチックは高度経済成長を牽引する物質の一つで、それを製造する際に欠かせないチッソの製品は日本経済の屋台骨ともいえるものだ。その製造工程で生じたメチル水銀化合物が工場排水として海に流れ出した。これがプランクトンから魚、人間へと生物濃縮され、神経系に中毒症状を起こし死にいたる水俣病が発生した。

被害はまず魚から始まった。泳ぎ方が異常な魚が見られ、やがて大量死した。次は猫。漁村の猫たちが異常な動きをしたかと思うと、狂ったように走り回り海に落ちて死んだ。そして人間。漁村の漁師とその家族に症状が出た。最初の患者の確認は1956年だった。発作が起こると体が痙攣《けいれん》して止まらず飛び跳ねるような激しい動きが続く。意思に反して走り回る。症状が進むと睡眠も食事もとれず、心身消耗して死にいたる。

最初は感染症や風土病が疑われ、患者は差別の対象となった。後述するように原因が工場排水であることが工場の病院の調査でわかった後もそのことは秘匿され、排水は流され続け、被害が拡大した。政府とチッソ株式会社（当時）がその原因を認めたのは、1968年で、工場設備が時代遅れになって生産を止めてもよい段階になってからだった。その後の患者に対する補償は進まず、大きな社会問題となった。4大公害裁判の一角として患者側が全面勝訴するものの、患者認定や補償は長く懸案となり、その問題は被害発生から半世紀以上たったいまでも続いている。

石牟礼道子『苦海浄土』（1969年）は水俣病をテーマにした長編文学で、自身が水俣病と関わり、患者に寄り添い、患者運動の最前線に立つ中で執筆された。症状の激烈さや死の壮絶さ、患者運動に対するチッソや政府の理不尽な対応などの描写が多くあるので、この作品は社会問題を告発するルポルタージュとしてまずは注目された。それに対し、石牟礼が伝えたかったのは、豊かな不知火《しらぬい》の海とそこに生きた人々の、離れがたく一体となった暮らしと思い、そしてそれが損なわれたことへの悲しみではないかというふうに評価するものもある。私も同感だ。

作品の中で漁師やその妻の口から語られる、船の上の情景やイヲ（魚）たちに対する思いはいかにも甘美だ。どれほど生き物にあふれていた海だったか、その輝くような描写に引き込まれる。彼らにはイヲに対して同じ海に生きるものとしての同胞感に満ち満ちている。排水の影響が出はじめて魚に異常が出たり死んだりしたことについては、古くからの友達に不幸があったという語り口だ。そして自身に症状が出て、家族が死に至ることがあっても、魚を食べたことを後悔したり魚を恨むことはない。イヲも同じ被害者だと彼らは感じているのである。

そういう漁師たちが、漁を続けられなくなり、おかに上がって患者運動に取り組み、熊本市に行ったり東京に行ったりする。そこでの細かい描写によって、海の人だった者たちが海から切り離され、都会を右往左往する情けなさや哀感が、ときに滑稽な有様ともなって切々と語られる。

この哀しみに私たちは共感できるだろうか。石牟礼は忍耐強く細やかな筆で共有可能となるように描写をしてくれている。それを受け止めることができるのか、私たちが問われている。

「チッソは私であった」

この章のタイトルにある「生国」は、水俣の漁師である緒方正人さんの言葉だ。生国とは、生き物たちの一員として生き、死ぬいのちの国を意味する。私はこの言葉を聞いたとき、これが混迷する現代社会を読み解き、今後の展望を得るための要石の役割を果たすと直感した。緒方さんのインタビュー記事や水俣病犠牲者慰霊式での祈りの言葉などに登場するこの言葉を手掛かりにして、私たちがどのような世界に生きているのか考察していきたい。

緒方さんは、水俣のすぐ北にある漁師町、芦北町女島《めしま》の漁師の網元の家に生まれた。父親は腕の立つ漁師で、どこに行くにも正人さんを連れてかわいがっていた。その父親が水俣病にかかり、発病から数か月で筆舌に尽くしがたい苦しみの末に亡くなった。幼い正人さんの髪からも高濃度の水銀が検出され、のちに手足のしびれなどの水俣病の症状が出るようになった。漁師を継いだ正人さんは、水俣病第1次訴訟でチッソの責任が明確になり、患者を補償するとなったときに、患者認定申請をするものの、認められなかった。そこで患者運動に身を投じ、チッソや熊本県、国との交渉や裁判の闘いで先頭に立つリーダーの一人となった。しかし、31歳のときに認定申請を取り下げ、患者運動から身を引く。なぜなのだろうか。

裁判をするということは、損害賠償なり補償金なりのおカネを要求するということだ。しかし正人さんはおカネが欲しくてやっているのではなく、父親のかたきを討ちたいと思って始めたのだ。ただ、それは現代社会の中ではおカネを要求するという形式でしか方法がない。そこに彼は違和感を持った。

さらに正人さんの疑問はふくらんでいく。自分たちが交渉する相手は会社なり役所なりの担当者だ。彼らは次々と交代する。すると、誰が責任をとるのかわからなくなる。社長なのか。社長も県知事も大臣も次々と交代する。加害者はチッソであり、国である。だが、その主体が見えない。訴える側はいったい誰に責任を取ってほしいと要求すればよいのか、誰と闘っているのか、わけがわからなくなる。

問題は人間の生死のことだ。しかしその問題を問おうとすると、裁判という社会的な形式に乗るほかなく、そうすると、裁判をすればするほど問題の本質から遠ざかっていってしまう。人間としての答えを求めているのに、返ってくるのはシステムとしての仕組みの話で、いつの間にかそちらの土俵に乗せられてしまう。

また、対応するチッソや役所の担当者の言動を見ていると、別にその人個人の考えや思いでやっているわけではないことがわかる。組織に属し、そこから給料をもらって暮らしているために、組織の意思に従って行動しているだけだ。そうだとすると、もし自分がそのときチッソの社員だったとしたら、水俣病を発生させ拡大させた彼らと同じ行動を取らないと言い切れるだろうか……。

このような疑問が押し寄せてきて、正人さんは一時期「狂った」という。家のテレビを叩き壊したり、軽トラをわざとぶつけたりした。その時期を過ぎて、運動から離れて漁師の日々に戻った正人さんは、一人でチッソの工場前で月1回の座り込みを始める。筵《むしろ》にメッセージを書いてそれを掲げて社員と対話しようとした。チッソから人間の声を聞こうとした。

さらに正人さんは水俣病は人間だけの問題ではないという。

「和解」とか「補償」なんて、所詮人間の世の中だけに通用する浅知恵にすぎない。死んでしまった魚や鳥や猫はどげんするのか。金で済ませるわけにはいかんでしょ。消えてしまった藻場は、原生林はどうするのか。圧力かけて「和解」を押しつけるわけにもいかんでしょうが。キリキリと舞って死んでいった魚の無念というものをどぎゃんすっとか。

（緒方正人『常世の舟を漕ぎて 熟成版』２０２０年）

もちろん魚や藻場に対する責任は誰もとりようがない。同じように人間の命についての責任も、いくら補償金をつまれても、本来とりようがないものだ。そこでできること、求められることは、「責任がとれるという幻想から自由に、いわば責任をとれないという現実に向き合って生きる。罪に向き合って生きる。責任がとれないということの痛みにうたれて生きる」ということだ。

しかし、その責任を問えないから問わないとすれば、社会の中に悪を許すことになるのではないのかという疑問が出てくる。それに対して正人さんはこう答える。

俺は権力を許してしまったんじゃないんですよ。捨てちゃったんです。俺は、国家なんて追いかける値打ちもないものだと思う。国家は所詮、責任はとれないし、また、とろうとしない。制度的な答えはいずれ出すでしょう。でも、俺たちが本当に求めているのは、痛みの共有です。求めている方にはいろんな気持ちが詰まっているけれど、答えるべき方はシステムとしてしか答えない。

（前掲書）

そして正人さんは日本の国家や社会とは適当にお付き合いして、本来自分がいるべきところに還るという。その場所の名を正人さんは生国《しょうごく》と名付けた。生き物たちの一員として生きそして死ぬ、いのちの国だ。

この辺では「そいもこいも、あんた、ぬさりたい」という言い方をします。「ぬさり」、あるいは「のさり」は熊本の方言で、授かりものという意味です。それもこれも縁として、授かりものとして引き受けて生きていかねば……という思いがそこに込められている。「ごたがい」やねといえば、お互い様じゃないか、ということ。……動物や植物とも「ごたがい」の間柄です。「ごたがい」には、海も山も何もかも含まれとっとですよ。「ぬさり」とか「ごたがい」という言葉には、いのちというものが我々人間の領分を越えたところで展開しているということに対する畏敬の念が、またそれを前にして謙虚にひれ伏し、祈る心が込められている。

（前掲書）

これが生国の世界だ。その認識に至った結果、正人さんは「チッソは私であった」と語った（緒方正人『チッソは私であった』２００１年）。チッソは加害者で患者は被害者であるという構図は制度化された国家・社会である「日本国」のものだ。「生国」では、人間が加害者でそれ以外の自然が被害者であるという構図になる。その人間の中にチッソのみならず患者も入らざるをえない。

被害者である緒方さんのこの認識は重く厳しいものだ。重要なのはこの構図には、私や多くの読者のような、チッソにも水俣病にも直接関係のない人間も、すでに巻き込まれているということだ。高度経済成長期、豊かな暮らしを求めて社会・経済・国家に怒濤のような変化が起きた。それを私たちは一定の疑問を持ちつつも、全体としては良しとし受け入れ、その波に乗って豊かな暮らしを実現させてきた。そのこと自体が持つ、人間以外の自然への加害。その認識と反省なしには、次の段階には進めない。「持続可能な社会を作る」というような耳ざわりの良い言質の底に、成長する社会が行ってきたこと、私たちがその恩恵に浴してきたことの行状に対する真摯な反省があるのかどうか。正人さんはそれを問うているのだと思う。

おカネでは解決できない

実は私は緒方正人さんに直接会ったことがある。その場所は水俣ではなく福島だ。２０１１年3月11日に発生した東日本大震災は、福島県内の原子力発電所に壊滅的な損害を与えた。福島第一原子力発電所は津波をもろにかぶり、非常用電源が動かなくなり、一方、東北地方全体が地震によって停電したので、発電所は電源を失った。炉心の核分裂反応は地震発生とともに停止されたものの、炉内にある「死の灰」から出てくる放射線による発熱を冷却するためのポンプを動かす電源がなくなった。その結果、1、2、3号機は炉心溶融を起こして炉は破損し、高温の炉心と炉内の水蒸気が反応して発生した水素が爆発を起こした。それによって大量の放射性物質が外界に放出され、海と陸を放射能で汚染した。

放射性物質は陸地では風に流れて原発から北西方向に汚染の帯を作った。その中に原発から30キロ以上離れていた福島県飯舘村がある。村民は原発とは無縁の生活をしていたので、放射能に汚染されたことは晴天の霹靂《へきれき》だった。汚染の実態が明らかになると避難指示が出され、全村避難となった。

私が福島に初めて行ったのはその年の6月だ。先に支援を模索するために福島入りしていた友人の戸上昭司さんから「とにかく来てどうしたらよいかいっしょに考えてほしい」という連絡が来て、プロ用の放射線量計を抱えて福島の地に降り立った。

戸上さんの案内で飯舘村を初めて訪問した。彼の友人の小林麻里さんが一人で山の中で暮らしていた。私も小林さんの家を訪ね、納屋の軒先で私の持って行った線量計の針が振り切れたときは、事態の深刻さを肌で感じた。

ただ意外だったのは、周囲の景色は初夏の里山の美しさそのものだったことだ。田植えができなくなった田んぼにはたくさんのカエルが鳴き、エメラルドグリーンに輝くイトトンボが群れ飛んでいた。周囲の山に人工林は少なく、広葉樹の新緑が目に映えた。湿地のハスが見事な花を咲かせていた。小林さんは家の裏でゴソゴソしているかと思うと、小さなサンショウウオを手のひらに乗せて見せてくれた。強い放射能の中で、生き物たちは変わらず生き生きと暮らしていた。もちろん多くの生き物たちには放射線障害が出たはずだが、それらの個体は死んでしまい、里山の景観の中からは消えていたのだと思う。

その後、私は何度も福島を訪問し、飯舘村にも立ち寄った。小林さんの友人の案内で緒方正人さんが飯舘村の小林さんの自宅を訪問し、私はその場に居合わせたのだった。緒方さんは原発事故前からの予定で福島県白河市で講演をすることになっており、その直前の忙しい時間の中で現場を訪問したのだった。

飯舘村の里山の中、高い放射線量の小林さんの自宅前で、緒方さんと小林さんは対話した。小林さんは、「世間では人間の被曝しか問題にされていないが、森の植物や動物たちが放射能で被曝していることがとても悲しい。さらに除染と称して、土をはぎ木を伐るようなことをするのは耐えられない」と話した。

緒方さんは、「水俣も同じだ」と応じた。「人間の被害は問題にされ、補償や損害賠償の対象となる。しかし、一番迷惑を被ったのは自然の生き物たちなのに、彼らに対する何の問題意識も謝罪もない。もちろん、自然に対しては謝罪しようにもできない。つまり、おカネでは解決できない、とりかえしがつかない事態なのに、おカネで解決するしかないと考えること自体が、問題なのだ」と。

有機水銀による汚染にしろ、原発事故にしろ、人間の都合によって生じた事態だ。科学技術によって人間が自然から浮き上がった存在になって、そのことで自然に迷惑をかけてしまったのに、その対応も人間の世界に閉じたものだ。補償にしろ除染にしろ、その構図は、被害をもたらしたものと同じなのではないか。それでは問題は何も解決しないのではないか。それが初対面にもかかわらず、緒方さんと小林さんに共通する認識だった。緒方さんは、漁に出て網を入れてから揚げるまでの数時間、船の上で過ごしていると、もう自分もまわりの空と海と一体になっているような、幸せな気持ちになると話した。小林さんも森の中で過ごしていると、自分が森の一部として吸い込まれていくような感覚があると応えた。

こういうことが「生国」に還るということなのだと思う。人間は本当に大事なことを、それが失われたときにしか学べない愚かな生き物のようである。

放射能あふれる里山で

福島県内では、山林も放射能で汚染された。部分的に除染されたものの、取りきれるものではない。広く薄く広がった放射性物質を集めて濃縮して保管するのが除染の基本だ。広大な山林についてて人間ができることではない。ところが、私はイノシシがそれをやってくれていることに気づいた。食品に含まれる放射能については事故発生から10年たったいまでも詳細に測定されている。ほとんどの農作物には放射能は検出されない一方、いまだに食品の安全基準を超えて検出されるのが、野生のキノコとイノシシの肉だ。キノコは土の中にある放射性物質を吸収し生物濃縮する。イノシシはそれを食べたり土中のミミズや植物の根を食べたりする。そうして薄く広がっている放射性物質を自分の体内に取り込み生物濃縮させて、山を「除染」しているのだ。まるで宮崎駿『風の谷のナウシカ』の放射能を浄化する腐海の物語のようだ。そのキノコやイノシシに対して、「食品として危険だ」とだけ認識するのが「日本国」。「生国」では、人間がたいへんな面倒をかけてしまってキノコやイノシシには申し訳ない、ということになる。

野原千代さんは私の古くからの知り合いで、もともとは会計学が専門の大学教員をやっていた。しばらく音信がないと思ったら原発事故から程なく突然メールが来て、論文が雑誌に掲載されたから読んでみてくれという。それは放射能汚染の生物に対する影響についての生物学の論文だった。琉球大学の大学院に入り直して生物学の研究をしていたのだ。

びっくりして読んでみてまたびっくりした。それは放射能で汚染された福島で小さな蝶のヤマトシジミを捕獲して、形態上の異常を調べ、さらに卵を採取して飼育し、放射能がある状態で世代を経る中でどのように影響が出るかを調べたものだった。確かに放射能の強い地域ほど形態の異常が多く、放射能の影響が蝶に現れていた。

一方でさらに私がびっくりしたのは、放射能で汚染された植物で育てられ内部被曝を受けた蝶は、世代を経るごとに異常を示す割合が下がっていたことだ。その後に出た論文はさらにそのことをはっきりと示していた。原発事故から約1年後に各地で蝶を捕獲して卵を採取し、それらを放射能で汚染された植物で飼育したところ、福島で採取されたものは、それ以外で採取されたものよりも異常の割合が低かったのだ。つまり、蝶は放射能がある状況に適応して、放射能に耐性があるように進化しているということを示している。

放射能がある状況で生物は影響を受ける。死ぬ個体もいるし、子孫を残せないようになる個体もいる。そういう個体の遺伝子を引き継ぐものはいない。一方、相対的に放射能に強い個体がいて、そういう個体は子孫を残す。結果として、世代を経るごとに放射能に強い個体の割合が集団の中で増える。これは生物進化のメカニズムそのものだ。これが自ずから然るべきようになるという自然の姿だ。なんとしたたかなことだろう。

放射能汚染の生物に対する影響を明らかにしようとした野原さんは、たいへん悲しいことに、その後内臓の病気で急逝された。もしかしたら放射能の高いところでフィールドワークを繰り返した影響があったのかもしれない。それは明らかにはできないけれども、もしそうだとしたらさらに悲しみは深まる。もちろん生物が適応するからといって、原発事故が起きたことを正当化することはできない。電力会社や国の責任は決して曖昧にはできない。しかしここでも自然に対する責任は取りようがなく、一方、生き物たちは右往左往する人間を横目に美しく生きている。

放射能の影響は、個体レベルで見れば被害しかない。でも、生き物は孤立して生きているわけではなく、他の生き物との関係の中で、さらに世代を継ぐことの中で生き続けている。生態系として見た場合は、個体に注目してものを見るのとは別の景色が見えてくる。ときには個体の命を犠牲にして命を継ぐ。一方、人間の社会では一人ひとりに生まれながらに備わっている人権が尊ばれる。ここに「日本国」の論理と「生国」の論理の間に大きなギャップがある。

２０１９年の秋、私は福島を久しぶりに訪問して、福島第一原発の横を走る国道6号線を車で走った。原発近くでは国道だけが通行可能で、横に入る道はすべて通行止めになっていた。帰宅困難地域で、家やお店は住民が住んで働いていたそのままの姿で放置されていた。「日本国」としては哀しい景色だ。しかし、いまはそこに草が生い茂り、自然に還りつつあった。もう何十年かすれば森に戻っていくだろう。これが「生国」の景色である。

生死《しょうじ》

私は田舎に移住するにあたって飯地町の古民家を購入した。それにはもれなく農地と山がついてきた。農地はもうずいぶん前に耕作放棄された棚田が10枚あまり。いまは草地になっており、そこに広葉樹が侵入し始めているところだ。ここで暮らしてみて圧倒的な生物の種類の豊富さにびっくりした。春先にオオイヌノフグリがかわいらしい青い花をつけてから、常に10種類くらいの草花が入れ替わり立ち替わり咲いている。春先は小さな花がほとんどで「ミクロの花園」だ。カエルは5種類、トンボやチョウ、バッタはどれほどの種類がいるのか確認できていない。見たこともないようなヤツがいる。クモも種類豊富だ。ある年の夏はオニグモの巣はりショーを毎晩楽しませてもらった。池にはアカハライモリにドジョウ。鳥は常連さんのヒヨドリ、メジロ、ウグイスのほかにキジが鳴けばアオサギが優雅に飛び、ときには猛禽類もやってくる。ススキの原にはカヤネズミの巣がいくつもあり、我が家のネコは土中のネズミの狩りに余念がない。時々モグラが道の上で息絶えている。イノシシは毎晩のようにやってきて土を掘り返し、カモシカだけでなく立派な角のニホンジカが真夏の木陰で休んでいたりする。ハクビシンやタヌキは常連さん、ときにはキツネも通りかかる。これだけの生き物が、我が家の敷地に自然のままにいる。何という幸せだろう。

里山のまっただ中に住んで、都会での暮らしとまったく違うと感じるのは、生き物の死に接することだ。ある日突然、なぜか窓の外のデッキの上に横たわっていた小鳥の遺体。窓にぶつかったのか。また車を運転していると、気をつけていても獣が飛び込んで避けられずハネてしまうことがある。これまでにハクビシンとリス。遺体は家まで持って帰って畑の一画に埋葬した。ときには檻にかかったイノシシの解体にお付き合いすることもある。

植物も同様だ。畑に生えているダイコンを抜くと、まだ生きている。いま埋めもどしたらそのまま生きているだろう。その土を洗って包丁を入れるとき、ああこれでこのダイコンは死ぬんだなと思う。

田舎の暮らしで真っ先に身につけなくてはいけないスキルは、草刈り機（刈り払い機）の操作だ。エンジン音をうならせて草を刈り払うときは、ホラー映画さながら、植物皆殺しである。イネ科の草はそれでも死なずにまた伸びてくるものの、それ以外の植物は刈れば死んでしまう。冬の暖をとる薪を得るために高さ15メートルほどのヒノキをチェーンソーで伐り倒す。息が荒くなる。戦場で敵兵を殺したときの心持ちはこんな感じかと思う。木材を運んで地面に置いたときに、タイミング悪く小さなアオガエルをつぶしてしまった。即死だ。あぁ、すまないことをしたと思う。

日々死に遭遇し、そのことに鈍感にならないように自分を戒める。動物も植物も遺体はそのうち消えて無くなる。微生物に分解され、土の栄養分となって次の命に受け継がれる。里山の一部としての自分もいつか死に、でも次の命がそれを受け継いで、いまと変わらず豊かな生き物の営みが続いていると期待できる。里山の中で生と死は対立するものではなく、日々生まれ日々死ぬ一連の営みだ。仏教ではこれをまとめて生死《しょうじ》という。一方、都会では私たちは死から遠ざけられ、そのために生が空洞化せざるをえない。圧倒的な生と日常の死。この中に身を置くことで生の内実を充たし死を受け入れることが可能となる。

原生林

私が生死をより深く感じる場所に原生林がある。原生林というのは人間が伐ったり植えたりしないで自然のままに営まれている森で、森林国日本といえども面積としてはほんのわずかしかない。東海地方には豊田市と設楽町にまたがる段戸《だんと》山裏谷《さんうらだに》、恵那市上矢作町の洗出《あらいだし》などがある。いずれも国有林の中に奇跡的に残ったもので、小一時間ハイキングをすれば一周できるくらいのわずかなものだ。

それでもいつも見ている人工林や天然林とはまるで違う。まず木が太い。樹齢数百年と思われる大木で森が形成されている。モミやツガなどの針葉樹と落葉広葉樹の混ざった混交林だ。裏谷はブナが主要な構成樹種となっている。ブナの原生林というと青森県と秋田県にまたがる白神山地が有名だが、これほど南でブナ林があるのは不思議だ。氷河期からの生き残りといわれている。洗出ではミズナラの大木が目につく。天然のヒノキの大木も多い。上を見ると、大木の葉が空を覆っていて森の中は巨大なドーム天井のホールの中にいるような感じだ。直射日光は当たらず夏でもひんやりしている。

そして、その大木があちこちで倒れて横たわっている。倒れた年数に応じて虫が入り、腐り、ボロボロになっていく。その存在感が見るものを圧倒する。よく見ると、横たわった大木の表面に落ちたタネが発芽し、樹木の赤ちゃんが育っている。倒木更新と呼ばれるもので、地面に落ちたタネよりも大木の上の方が光がよく当たるため、成長が早く大きく育つ。根は倒木を這うように伸び、ついに地面に到達する。しだいに倒木が腐り、何本かの根を足のように伸ばして次世代の木が立つようになる。それが何本か倒木の跡をたどって一直線に並ぶことになる。洗出では股を広げて立っているようなヒノキが並んでいるのを見ることができる。

何年か前に裏谷で遊歩道脇のブナの大木が倒れた。根元から裂けるように折れていて、その傷口が生々しい。上を見上げるとそこだけぽっかり空がひらけている。地面には毎年たくさんの実や種子が落ちるものの、暗い林床では発芽しても育つことができない。大木が寿命や落雷、風害などで倒れると、その周囲にだけ日光がさす。そこでだけタネは芽吹き、次の世代に移り変わっていく。

原生林を歩いていると、私は生きている木よりも倒れた木の方に心惹かれる。皮が剥げて無数の虫の穴があいているザラザラの表面に触ってみる。形が崩れて土に戻りつつある木のかたまりの横にしばし佇む。ここでは死と生は同等だ。大木が死なない限り次の世代は育たない。死が生をもたらす。生は死によって次世代へのいのちのバトンの引き継ぎを成就する。

秋に原生林を歩くと無数の木の実が落ちている。暗い森の中でほとんどの実は発芽すらしない。それが動物たちを生かす。洗出のミズナラの大木の幹にはクマの爪痕が生々しく刻まれていた。よく見るとクマが木の上で食事をしたダイニングの跡を見つけることができる。木々は動物たちを養うために花を咲かせ実をつけているとしか思えない。タネはその生をスタートさせることなく死に、動物たちに生をもたらす。

「日本国」で暮らしている私たちは、生きることが絶対的な価値で、死ぬことはその価値を損なう絶対に避けるべきものと考えている。でも「生国」ではそうではない。死と生は同じ価値を持ち、ペアになって命の引き継ぎをまっとうしている。「生国」に根を下ろして生きようとすれば、「日本国」との間で生と死の価値のねじれに直面することになる。

この矛盾をどう解決すればよいのか。かつての村ではこれを絶妙なやり方でおさめていたのではないかと思う。

死という使命

かつての村では氏神様への信仰が村の暮らしの基本にあった。氏神様とは、代々その集落に生まれ生き死んだ者たちが死後に霊魂として合体したご先祖の霊の集合体である。いつもは山の上にいて、春の祭りで里に下ろす。田の神としてコメ作りを見守っていただき、秋の収穫の後に感謝のお祭りをして山に帰っていただく。つまり村の暮らしを守ってくれる神様だ。

しかし、死ねば誰もが氏神に合体できるかというとそうではない。死そのものは穢《けが》れであり、血縁の子孫の供養によってのみ、その穢れが浄められると信じられていた。それが浄められて初めて氏神になれる。それには30年の年月がかかった。しかし、供養してくれる子孫がいないと無縁の魂となり、荒ぶる神として村に旱魃《かんばつ》、洪水、疫病などの災厄をもたらすと考えられた。人々はそうなることを最も恐れた。そこで家系が続くことを何よりも大事に考えたのである。夫婦に子どもがいない場合は、親戚から養子をもらって家を継いだ。

ここでいう「家」とは、鎌倉、室町、戦国時代においては、一族郎党の大人数の氏族であった。江戸時代に入ってそこから小家族が分家として独立し、いまのような直系家族となった。分家は本家とともに同じ氏神を信仰した。人口が増えて別の場所に開拓に入った場合には、自分たちの氏神も他の氏族の氏神もともに合祀され、その村の氏神となった。各家で人が死ぬと、その魂が村の氏神になれるよう熱心に供養した。

また死んだあと、氏神になるまでの間に、この世に生まれ変わることもあると信じられていた。新しく生まれた赤ちゃんが、先だって亡くなったおじいさんの生まれ変わりと考えられたりした。おじいさんが志半ばにして世を去ったような場合に、その志を果たすために生まれ変わってくると信じられていたのである。

氏神は村の中の特定の女性、すなわち巫女の身に憑依《ひょうい》し、時々に人々にメッセージを送った。託宣だ。その年の豊凶、これから起こる特別に良いことや悪いこと。人々はその言葉を受け取り崇め、人生と暮らしの指針とした。

このようにかつての村では、人には死ぬことによって、氏神となり子孫の繁栄を見守るという役割が与えられた。無事に氏神となれば、子孫は時々に託宣としてその声を聞くことができる。ここでは死は決してすべての終わりではなく、むしろ、氏神となる使命を成就するための準備期間が始まることを意味している。みごと氏神になれば、そこからは毎年田の神として豊作を見守る。いまの世に生を受けたものは死んだ者の見守りにより無事に生きられるということになる。

死と生があい協力して家と村の生き継ぎをもたらすという構図は、死と生があい協力していのちを継ぐ「生国」の構図と相似だ。生き物世界での命を継ぐということが、人間の世界では家を継ぐということで表現された。人々は個人の死を「生国」における死と象徴的に重ね合わせることで、「生国」の一員でもある人間の生死を村の一員としての生死と矛盾のないものにしていたわけだ。

いまは巫女《みこ》の託宣の習いは失われてしまった。しかしその残像を各地の祭りの中に見出すことができる。

花祭《はなまつり》は愛知県の奥三河地方に残る冬の神事である。昼間から神事が始まり、夕方から夜が明けるまで舞が奉納される。舞場の真ん中には大きな釜で湯が沸かされている。ゆらゆらと湯気が立ち上っている。この湯気を通じて神々が天から降りてきて釜の中に入ってくる。4人の舞い手が太鼓の拍子に合わせて時に静かに時に激しく舞う。一つの演目は一時間以上続く。とても人間の通常の体力でまかなえるものではない。夜半のクライマックスは鬼の舞だ。大きな鬼の面をつけた舞い手が、大きなまさかりを振り回しながら激しく舞う。周囲で見ている者たちも、「テーホへ、テホへ」と叫びながら一緒に踊る。場全体が一種のトランス状態になる。夜が白々と明ける頃、最後の演目、湯囃子《ゆばやし》が始まる。これも一時間以上舞った後に笛と太鼓が突然激しくなり、舞い手は手に持った藁の扇で釜の湯を観客にかける。舞い手も観客もびしょ濡れになる。これは釜にやってきた全国の神様と一体になるということだ。結界を張られた舞場の中に、湯気を通って降りてきた神様が舞い手に乗り移り、観客にも乗り移る。そういうことがリアリティを持って感じられる、一年に一晩だけの特別な夜である。

　花祭をはじめとする村々の祭は、村の過疎が進む中で急速に失われつつある。それがすべて失われたとき、私たちは死が生と同等かそれ以上に意味があった時代の痕跡を失うことになる。

第5章「おカネ」の物語から自由になる

――巨大な力に翻弄されないために

我が心の中の「日本国」

現代の日本で田舎に住んでいるということは、「生国」、「村」、「日本国」の三つのレイヤー（層）が畳み重なったところで暮らしていることになると私は考えている。「生国」とは生態系の一員としての人間ということ。「村」は田舎の自治コミュニティの一員であるということ、「日本国」とは経済・社会・国家の一員であるということだ。

江戸時代には「日本国」ではなくて藩や幕府だったわけだが、村での暮らしにおいてはそれらの比重はそれほど大きくなかった。人々は「生国」と「村」の重なりの中で暮らしていた。

明治に入ってから「日本国」が成立する。「日本国」は、基本的には国の法律やそれに基づく個人間の契約で取り決められた内容に沿って、人間が活動するレイヤーである。これが確立したのは１８８９（明治22）年に大日本帝国憲法が公布されてからである。たとえば経済活動のルールを定めた商法は１８９０（明治23）年に公布され、１８９９（明治32）年に大改正されて新商法となり、その後いくども改正を繰り返して現在まで続くものになった。また、私たちの社会の経済は資本主義経済であり、それを法律で規定するのが会社法の中の以下の条文だ。

第百五条　株主は、その有する株式につき次に掲げる権利その他この法律の規定により認められた権利を有する。
一　剰余金の配当を受ける権利
二　残余財産の分配を受ける権利
三　株主総会における議決権

これが資本主義経済のベースとなる私有財産制、つまり会社は出資者の所有物であることの根拠を定めた条文だ。

いまの日本で都会で暮らしていると、「村」のレベルに対応する自治コミュニティのレイヤーが非常に薄いことを実感する。マンションの隣室の住人くらいは顔を見れば挨拶する程度、二軒先になるともう挨拶すらしないような関係だ。そんな具合だから、「生国」のレベルはさらに遠い。もちろん日々の食べ物は「生国」からやってくるのだが、それも経済システムという「日本国」を通してやってくる。都会での暮らしは基本的には「日本国」のレイヤー一つで営まれているということになる。

「日本国」のレイヤーは人為的に取り決められたルールに従って動く人為の世界で、自ずから然るべきようになる自然《じねん》の世界とは対極にある。

「日本国」では生死に関しては、憲法に定められた生存権が拠り所だ。

日本国憲法第25条第1項
すべて国民は、健康で文化的な最低限度の生活を営む権利を有する。

ここで国民とは生きている人のことであって、憲法には死んだ後のことは規定されていない。法律で規定されているのは、死亡の際の手続きと遺産の相続のことぐらいだ。「日本国」は基本的に生まれてから死ぬまでの間のことしか視野にないわけである。「日本国」のレイヤーのみで暮らしていると、生きていることがすべてであって、死んだらおしまいだという価値観になっていく。

多くの日本人が都会で暮らすようになったのは、それほど昔のことではない。いまから100年前には都会に2割、田舎に8割の人が住んでいた。それから徐々に田舎から都市への人口移動（これを都市化という）が起こり、両者が拮抗するのは1950年代だ。その後高度経済成長期に突入して、都市部の人口は急上昇、田舎の人口は急減して現在は2割が田舎、8割が都市に住むようになった。この都市化の過程で田舎から都会に移動した人は、生きるレイヤーが「生国」×「村」から「日本国」に移動したということだ。これは個人にとっても社会全体にとっても大きな変化である。

よく考えてみると「日本国」を規定している法律やルールというのは、物理的実体のないものだ。物理的実体としては文字が書かれた紙だったり、電子ファイル、つまり半導体メモリ上の電圧の高低の組み合わせだったりする。

つまり「日本国」は私たちの心の中にしかない。あらゆる生きものの中で人間だけがこのような実体のないものを大人数で共有できる。それは共同幻想といってもよい。物理的実体のない「日本国」は、しかしときに巨大な物理的強制力を持つ。私たちはその力に日々翻弄されている。それはなぜなのか。しばらくはその秘密に迫ってみよう。

現代人が共有する物語としてのおカネ

私たちの社会が成り立っているのは、私たちにある物語が共有されているからだ。前にも述べたようにユヴァル・ノア・ハラリのベストセラー、『サピエンス全史』（２０１６年）の中心的な議論の一つが、人間は想像力によって目の前にいない大勢の人間と共同・協力ができるということだ。共通の物語を信じることができ、これによって大規模な共同・協力ができる。そのことで人間は文明を築くことができた。

かつての村では氏神様の物語がそれだった。皆が信じていることで、寄り合いも祭りも運営できるのだった。明治に入って戦前までは「万世一系の天皇」の物語があった。ほとんどの子どもが小学校に行くようになり、教育勅語を日々暗唱することによって、自分が天皇の臣民であるという物語を認識した。

　戦後にそれらの物語が力を持たなくなってからは、何が私たちが共有している物語なのだろうか。私はそれはおカネの物語だと思う。

　まず、おカネというのは物理的な実体ではなく、私たちの心の中にある物語であることを確認しよう。おカネは、自分が欲しいものを売っている人が、そのものと引き換えに受け取ってくれるという「お約束」を、自分だけでなく皆が信じているからその価値が生じる。その価値の根拠となるものが昔は金属の金《きん》で、紙幣は金との引換券だった。金の価値は何かよくわからないが、確かにキラキラしていて何かありがたいもののような感じがする。それが根拠になっているといわれれば、何となく納得できるような気がする。日本も明治に入ってから日本銀行が設立され、当時発行された紙幣は日本銀行兌換券で、紙面に「金貨と交換します」という商店街の景品引換券のようなことが書いてあった。

　しかしいまでは、紙幣は金と引き換えることができない。日本は1931年に金本位制から離脱し、日本銀行兌換券は日本銀行券になった。つまり、ただの紙切れである。立派な紙に複雑な印刷をしているとはいえ、1万円札の印刷物としての価値は1枚20円程度だろう。それをお店に持っていくと1万円の商品を手に入れられるというのは、よく考えれば不思議なことだ。中央銀行というありがたそうな組織が発行していて、政府の後ろ盾がありそうだから、それが価値の根拠なのかと私は思っていた。

ところが最近ではビットコインなどの仮想通貨なるものが、ふつうのおカネと同等なものとして登場した。これには紙幣やコインという物理的実体はなく、コンピュータのメモリ上の電圧の高低に過ぎない。中央銀行や政府は何の関係もない。つまりその価値の根拠になっているものは、「これは価値がある」と思う人がたくさんいる、という人々の「思い込み」でしかない。仮想通貨を入手し取引する一定のルールとその方法が提示され、それに皆が乗っかれば価値が生まれる。しかし、翻って考えれば、中央銀行券も金属の金も、同様に一定のルールがあり、それを皆が受け入れるから価値があるのであって、その価値はしょせん人々の「思い込み」でしかない。通貨とはすべて「仮想」通貨だ。

私たちの「日本国」における活動は、ほとんどすべてがおカネのやり取りに帰着する。労働、消費、借入、返済、納税、投資、配当、教育、医療、介護、寄付、罰金、損害賠償などなど。

おカネは私たちの「思い込み」でしかないにもかかわらず、その「思い込み」たるやすさまじい現実的なパワーを持っている。「人生はカネしだい」というのはもう誰も口にする必要もないくらい、皆が身にしみて体得している。「生活の不安」とはおカネに関する不安ということだ。「生活に苦労した」といえばそれはおカネのやりくりに苦労したことを意味するし、「生活が安定した」とは収入が安定したということだ。おカネをたくさん稼げる人は尊敬され、稼げない人はさげすまれ差別される。犯罪の大半はカネをめぐるもので、カネを得るために人の命を奪うような重大犯罪が毎日のように起こっている。自分の心の中の思い込みが、いったん外に出ていって社会全体で共有され、その結果強制的な力となって再び自分の心の奥深くに抜き差しならないものとして入り込んでくる。自分たちの思い込みでしかないものに、自分たちが縛られる。ときにはそのために命を落とすことさえある。「日本国」に暮らすとは容易ならざることだ。

この不思議な構図を最初に記述したのは『資本論』（1867年）を書いたカール・マルクスだ。皆に共有された「思い込み」が、大きな力となって個人を支配する。この構図をマルクスは「疎外」と名づけた。19世紀のヨーロッパ、資本主義経済が立ち上がったところからすでにそれは始まっていたのである。

主人公は資本

「日本国」における疎外の形態はおカネだけではない。その典型的な姿は大企業の中に見られる。

医師の細川一《はじめ》は、戦後チッソ水俣工場附属病院の院長で、水俣病患者を最初に診た医師だ。この病院はチッソの関係者だけでなく広く住民の診療を行っており、市内唯一の総合病院として住民から頼りにされていた。細川はチッソから潤沢な資金を提供されて、大学病院のように研究環境も整えていた。そこにこれまで見たことのない激しい症状の患者が次々に運び込まれてきた。

細川は院内の医師を動員して患者が発生している漁村を中心に聞き取り調査などを行い、その結果を保健所に報告した。これが水俣病患者の公式確認とされる。1956年のことだ。細川はその原因を追及し始める。細川は工場排水の可能性を疑い、猫を使った動物実験を始めた。排水を混ぜたエサを食べさせて経過を見たものの、特に異常は見られなかった。

並行して熊本大学の研究グループが、病気は有機水銀中毒であることを明らかにして、チッソ水俣工場の排水が原因であると主張した。それに対しチッソ側は工場で使っているのは無機水銀であって有機水銀は使っていないと反論した。細川は水銀を使っている工程の排水を入手して実験した。果たしてその猫は水俣病と同様の症状を示した。1959年のことで猫400号実験と呼ばれる。つまり400匹目で初めて症状を確認したのである。

細川は工場の幹部に実験結果を伝えた。幹部は一匹の結果では信頼できないと主張すると同時に、その後の実験を禁じた。この幹部は水俣病は工場排水が原因である可能性が高いことを理解したわけだ。その後工場は排水の出口を別の流域に変更した。その際に細川は「それは人体実験をやるようなものだ」と反対した。果たしてそちらの流域でも患者が発生し、細川の心配した通りになった。その後も工場は排水を不知火海に流し続け、排水を止めたのは猫400号実験から9年経った1968年だった。その間に多くの患者が発生した。

細川はずっと実験結果を公表しないまま研究を続け、水俣病の原因が工場排水に含まれている有機水銀であることを確認した。工程内で無機水銀が反応を起こし想定外の有機水銀が生成されていた。それらすべての研究結果を公表することなく、細川は1962年にチッソを退職した。

細川の報告を受けた工場幹部が実験を継続するよう指示し、その結果を公表して工場を止めるか、あるいは細川が幹部の指示に従わずに結果を公表したり裏でリークしていれば、多くの患者が発生せずに済んだ可能性がある。なぜこのような人倫にもとる行為が企業の中で行われたのか。

工場幹部や細川医師個人の問題を指摘するのは簡単だが、そういうことでもない。仮にこの幹部が自分では判断できないからと、東京本社に対応を尋ねたとしても、本社の回答は同じだっただろう。細川が会社の意思に反して実験を続けたり、その結果を公表すれば、彼は会社にはいられなかっただろう。もしそうなれば、次の病院長が細川の出した結果は誤りだったと主張する事態になったと思われる。つまり個人の力ではどうにもならない力が組織において働いているということだ。組織は個人から構成されるにもかかわらず、その構成員がどうにもならない力を持つ。この構図をマルクスは「疎外」といった。

なぜこのような事態が起こるのか。マルクスの説明はこうだ。

会社は投資家から資金提供を受け、そのおカネで工場を作り商品を生産し販売して利益を得る。その利益は投資家に配当される。それが会社の存在理由だ。利益が出ない、つまり決算が赤字ということは許されない。短期の赤字のみならず、一つの設備投資に対して、その設備の運用が終了した時点で投資を回収して利益が出ていないということもあってはならない。チッソ水俣工場の場合、水俣病の原因が工場排水にあることを認めれば工場を止めることになる。短期の決算は赤字になる。また工場を再開しようとすれば、工場は設備を大幅に変える必要がある。当初の設備投資が回収できない事態となる。それは会社にとって存在理由を失うことだ。実際、工場が排水を止めたのは、工場設備が老朽化し、時代遅れとなって投資回収の観点からもう止めてもよい段階になってからだった。

会社は誰のものか。工場の労働者が製品を作るのだが、できた完成品を労働者が自分が作ったものだからと勝手に持ち帰ったり売り払ったりすることは許されない。もしそういうことをやったら懲戒処分になる。できた製品は会社のものだ。それを販売して得られた利益は株主に配当される。これが会社法に規定されている私有財産制というもので、会社は財産、設備、製品を含めてすべてが株主の所有物だ。会社の社長を始め、取締役は株主から経営を委託されているにすぎない。

そうはいっても、水俣病のように会社の責任が問われる場合に、株主が責任を取れるのか。株主は株を買っただけで会社の経営に参画しているわけではない。年に一回の株主総会で経営陣から経営方針を説明され、それに同意するだけだ。水俣工場の幹部の判断にいちいち意見する立場にはない。とすれば誰が責任を取るのか。生身の人間としては誰もいないことになる。

そこで再び会社は誰のものかと問うと、マルクスは資本だと答える。資本とは何か。それは最初の段階ではおカネ（資金）である。それが次には工場設備に変わる。商品が生産されればそれに変わる。最後に販売されてまたおカネ（売り上げ）に変わる。そうやって形を変えながら利益分だけ増殖していく何かだ。マルクスはその何かを「価値」と呼んだ。マルクスは資本を「自己増殖する価値」としてとらえた。それは抽象的なものだ。

その抽象的な資本が具体的な巨大な力を持ってその内部の構成員のみならず、社会全体に大きな影響を与えている。この社会の主人公は、王様でも社長でも労働者でもない。そういう生身の人間ではなく、抽象的な資本である。これがマルクスの発見であり、彼が社会の本質を明らかにしようとした本に『資本論』という名前を付けた理由だ。

たとえば、あなたが会社で上司からパワハラを受けているとしよう。パワハラの被害者はたいてい「自分が悪い」と思ってしまう。なぜそういう不条理が起こるかというと、上司個人の資質の問題はもちろんあるが、その問題を発現させる構造的な仕組みが会社という組織にそもそも備わっていると考えたほうがよい。それが疎外ということだ。自分が悪いと思い込まずに、一歩引いて、会社組織のどこに疎外の構図があるかを客観的に把握するよう努力してほしい。しかもマルクスはその構図によって生まれてくるところは私有財産制にあるとしている。つまりあなたの会社の個別の理由ではなく、資本主義社会のあり方の根本に根ざしているというのだ。

資本はおカネと同様、私たちの思い込みである。私たちの心の中にある物語でしかない。心の中にある物語に現実的に支配され翻弄される。ときに水俣病のように命を奪われることさえある。それが「日本国」の本質だ。

細川医師は、その後新潟県で第2水俣病が発生したときに、研究班の一員として参加し、それが水俣病であることを確認している。そして水俣病の裁判が始まる。第一次水俣病訴訟では、排水が水俣病の原因であることを知りつつ流し続けた会社側の責任が問われた。しかし会社側は当時はわからなかったのだと主張し、それを覆す確たる証拠がなかった。患者側の弁護団は細川に証言を求めた。彼は患者側で証人に立つことをためらいなく了承したという。その後細川は病に倒れ、尋問は特別に病床で行われた。猫４００号実験の結果を工場幹部に伝えたことが証言され、これが決定的な証拠となって裁判は患者側の勝利となった。その結果を聞くことなく細川は死去した。

彼は人生の最後に、資本の束縛から離れて、あえて一人の生身の人間としての責任を果たした。簡単な話ではない。彼は「日本国」から一歩逸脱し、「生国」に一歩近づいたといえるだろう。細川一の生涯の物語はそのことの難しさと重さを語っている。

疎外のない企業活動は可能か

資本主義社会という、資本が主人公の社会に暮らし、そこから逃れられないとすれば、その中でも疎外のない働き方や企業活動はできないのだろうか。資本が私たちの心の中にある物語だとすれば、物語を書き換えればよいのではないだろうか。日本人は何事も「道」にして、精神修養を行いながら人格を高め人生を豊かにしようとしてきた。そのことによって自主的に自分の心の中にある物語を書き換える「道」を追求したい。いってみれば「経営道」であり「投資道」だ。

フレデリック・ラルーの『ティール組織』（２０１８年）は、現代の資本主義経済の中でも疎外の少ない企業活動が可能であることを実例で示している。その一例を紹介しよう。ＦＡＶＩはヨーロッパで自動車のギアボックスの部品を作る中小企業だ。１９８３年に就任したＣＥＯ（最高経営責任者）は、それまでのピラミッド型の組織を解体し、ミニ・ファクトリーと呼ばれる15名から35名のチームを編成した。それらはそれぞれ、特定の顧客、つまりフォルクス・ワーゲン、アウディ、ボルボなど向けの業務に特化させる。どのチームも自主経営されていて、中間管理職はおらず、人事部、企画部、営業部などの部署もない。仕事の進め方はすべてチームの中で決める。チーム内に営業担当者がおり、仕事を取ってくる。「発注量が多いと全員で喜びをわかち合い、少ないとがっかりする」というから、チームは単に従業員の集団というのではなく仲間なのだ。製造計画はミーティングの場で決定され、チームメンバー全員が納品日について合意して仕事にとりかかる。従業員のモチベーションは「担当顧客の要望に十二分に応えること、そして中国産の競合製品に負けないように工場の仕事の数を維持し、可能であればそれを増やすこと」だ。

ＦＡＶＩでは経営陣による経営会議がない。部門がなくなり部門長はいないからだ。権限はすべて組織の最下層のチームにあり、たとえば設備投資についての予算も、チームからチームの代表者で構成される委員会に予算要求を上げ、ほとんどの場合、その額のまま決まる。ふつうの組織であれば、経営幹部が中味を吟味し、最後には経営者が決めていくことになるが、FAVIにはそれがないという。なぜなら、「予算を勝ち取ろうと闘うミドル・マネージャーは存在せず」、どのチームも「正しいことをしていると信頼されている」からだ。予算の合計が妥当な水準を超えた場合は、「各チームは改めて話し合い、修正プランを提出するよう要請され、その後チームの代表者が集まってすべてのプランをテーブルの上に置」いて、優先順位を点検する。結論はわずか1、2回のミーティングで出すという。緊急の注文が入ったときも、チーム内で対応を話し合い、他チームに助けを求めつつ、「チームメンバーは疲労困憊だったが誇りを持って作業にあたり」、注文に応じることができた。残業代を請求するのではなく、「チームで自主的に調整し、土日に多く働いた分はその後の数週間で埋め合わせた」という。このことをCEOは後になって聞いたそうだ。

こういうのを自主経営という。ここでは「上から」の指示は何もなく、チームとして仕事を進めていく。困ったことがあればチーム内で話し合って解決策を見出す。現場で働く労働者が仕事の主人公であるわけだ。現場で働く人がやりがいをもって良いチームワークで働くとき、生産性は最大になる。労働者の満足度は上がり業績も上がるので、経営者や株主の満足度も上がることになる。

この本にはこのような実例がたくさん紹介されている。しかしそれはもちろん社会全体から見れば極めて稀な例だ。現場がすべてを決定する経営というのはふつうは認められない。業績があがっているうちはよいが、悪くなったときに経営陣はなすすべがなく、株主は不安になる。実際に業績悪化とともにふつうの経営に戻った事例も紹介されている。著者のラルーは、このようなティール組織が存立しうる条件として、経営トップが「進化型（ティール）の世界観を養い、精神的な発達を遂げて」いることと、組織のオーナーが「進化型（ティール）の世界観を理解し、受け入れていなければならない」という二つを挙げている。つまり、経営者と投資家が精神修養し人格を高めることではじめて実現するということだ。最初にふれた「経営道・投資道」の実践である。

近年、新たな「経営道・投資道」の流派として登場したのがパリ協定である。2015年に締結された気候変動対策に関する国際協定で、2050年には実質的に二酸化炭素の排出をゼロにするという目標が取り決められた。この「実質的に」というのが曲者《くせもの》で、ようは逃げ道を確保しているのだが、そういう逃げ道が確保されたからこそ合意されたともいえる。これは政府の政策目標というだけではなく、ビジネスのルールの変更として世界全体に広がりつつある。先進国では石炭火力発電への投資が敬遠され再生可能エネルギーへの投資が大ブームとなっている。ここでも投資先は利益が上がれば何でもよいという物語が修正を受けている。これも「投資道」の一流派ということになる。

急速に広まりつつあるＳＤＧｓも、「投資道」の一流派といえるだろう。2015年に持続可能な世界を作るために国連で定められた世界共通目標のことで、貧困、飢餓の撲滅から始まって、人権、環境、教育、ジェンダーなど17の分野にわたっている。国連は国家の集まりであるが、ＳＤＧｓは各国政府の政策目標のみならず、企業活動に取り入れるべきものというトレンドが世界全体で広がっている。日本でも大企業はすでに自社のホームページで、自社がいかにＳＤＧｓ達成に貢献する意欲があるかを宣伝している。中小企業や自営業者までもが戸惑いながらＳＤＧｓについて語っている。なぜ企業経営の中にＳＤＧｓを取り入れないといけないのかは誰にもよくわからない。世界有数の資金量を持つ日本の年金基金（年金積立金管理運用独立行政法人）が、投資先を選定するにあたって、投資先企業が行っているＳＤＧｓへの取り組みに配慮することにしたということで、企業の目の色が変わった。もう何十年も持続可能な開発の現場で取り組んでいる人から見ればお遊びのようなものであるが、ＳＤＧｓには、誰のどんな活動も17の目標のどこかに引っかかることができて、あまり深刻に考え行動しなくても気軽に参加している気分になれるというものとしての価値がある。

いまのところはホームページでＳＤＧｓに言及しないことには体裁が悪いというような心理が働いてのことだと思うが、それでもいったんそれを掲げたら、人権を抑圧し環境を破壊するような企業活動は自己矛盾となり、そのことを指摘されたら反論できないことになる。もしチッソがＳＤＧｓを掲げていたら、細川医師は水俣病の原因となった排水の問題を堂々と社内で指摘できたことだろう。ＳＤＧｓは経営者と株主に共有されている物語を書き換え、心の修練を要求するものとしての意義がある。

ただ、ＳＤＧｓの理念は「誰一人として取り残さない」である。素晴らしい理念だが、これはじつはこれまでの資本主義社会の物語を根本から変えないと実現しない。一方で、企業がＳＤＧｓに注目するのは投資に関係するからというおカネの物語だ。私には多くの企業に社会・経済の根本的な変化を担う覚悟があるとはとうてい思えず、ＳＤＧｓは企業活動を正当化するていの良い隠れ蓑になる可能性もあると思う。

モード

大量生産・大量消費の社会は持続不可能といわれるが、一方でこれだけ大量の人間が地球上に生きているのだから、消費財を大量に生産することは必要である。そうでなければ貧困ということになり、これはこれで持続不可能な社会といわれることになる。ということは、大量生産・大量消費自体が悪いわけではなく、その様態が問題となるということだ。ある消費財の耐用年数と買い替え年数を比べて、

耐用年数＜買い替え年数

の場合は、耐用年数を超えて使用しているということで、この状態を貧困と定義できる。

一方、

耐用年数∨買い替え年数

の場合は、まだ使えるのに買い替えるということで、この状況を「モード」と呼ぶ。その財の機能だけではなく、デザインや目新しさという要素が加味されて、機能上はまだ使うことができるのに、新しいものに買い替えるという状況だ。持続不可能なのはこの状況である。

企業は宣伝広告に多額の費用を使い、新製品の開発のサイクルを早くして、使用者にいま使っているものを捨てさせて、新製品を買わせようとする。その分、資源・エネルギーが無駄になり、廃棄物が増えることになる。今日私たちが購入する消費財の多くがこのパターンである。

ファッション・ヴィクティムという言葉がある。ファッションの犠牲者という意味だ。ファッションのモードにのめり込み、衣服や靴や装飾品をどんどん買っておカネを使いすぎ、生活が破綻するまでになる人のことを指す。

スマートフォンは次々に新しい機種が登場する。新しい機能が追加され、より高度で便利なアプリが動く。実際には大して使わなかったりどうでもいいような機能だったりするのだが、それにつられてまだ使えるものを捨てて新しい機種を買う。

自動車は移動するという機能を果たすのであれば、車輪が4つとエンジンとブレーキが付いていれば十分だ。ところが、車は新しいモデルが発売されると人気の車種でも販売の勢いは数年すれば落ちてくる。そこで数年おきにマイナーチェンジと称してデザインが変わり、新しい小道具のような機能が追加される。そのことで販売が復活する。そういうことが進んだ結果、いままでは使いこなせないような機能満載の自動車になってしまった。自動車でも家電製品でも過剰機能・過剰性能でゴテゴテしたものばかりだ。

モードには中毒性があり、中毒にかかった消費者におカネをはき出させることで経済を成り立たせようとするのが現代の資本主義経済だ。けっこうな収入があっても、なぜかいつもおカネについて不安がある。家の中はそれでなくても狭いのに、何回か使っただけでもう使わないようなモノで溢れている。これもおカネによる疎外の一つの姿だ。

こういう事態に対する反省から、もっとシンプルに暮らそうというライフスタイルを取る人たちがいる。欧米やオーストラリアでは voluntary simplicity ——直訳すれば「自発的な質素な暮らし」であろうか。家にテレビはなく宣伝広告は見ない。DIYを楽しみ、何か買うならリユース品や地元のもの。日本ではミニマリストと呼ぶ。家財道具をほとんど持たず必要最小限のもので工夫しながら暮らす。かくありたいものだ。

オフグリッドで生きる人たち

世の中にはオフグリッド・ソーラーで暮らしている人がいる。オフグリッドとは、送電網（グリッド）から切り離された（オフ）という意味で、太陽光発電の電気を送電線に流さず自家消費し電気を自給する暮らしだ。ソーラーパネルが発電した電気をバッテリーに貯め必要に応じて使う。ソーラーパネルは昼間しか発電せず、天気が悪いと発電量は3分の1以下になる。バッテリーに貯められる電気の量に限りがあるので、天気の悪い日が続くと電気が足らなくなって停電となる。そういう自立完結型の電源だ。

開発途上国の送電網が整備されていないところでオフグリッドは広く普及しているのだが、日本のような国土の隅々まで送電網が張り巡らされているところでのオフグリッドというのは、いままでは考えられなかった。ところが2011年の福島第一原子力発電所の事故以来、日本でもオフグリッドで暮らす人々が現れ、SNSなどでその暮らしぶりが発信されている。

私の研究室の稗島《ひえしま》州悟君は修士論文（2020年）としてそのような暮らしをしている人を一軒一軒訪ね、なぜわざわざそのような不便な暮らしをするようになったのか、その動機をインタビューして歩いた。彼らは典型的には100Wから400W程度の容量のソーラーパネルで暮らしていた。使える電力量は標準の暮らしからすれば10分の1くらいで、冷蔵庫もままならない。それでも彼らはそれに不自由を感じておらず、ＤＩＹ用の電動工具を使うなど、必要にして十分な電気を使っていると感じていた。

私たちは当初、彼らは地球環境問題の解決に率先して取り組もうとしているのだと思っていた。ところが話を聞いてみると、環境問題がオフグリッドの暮らしを始める第一の動機になっていた人はいなかった。その動機はさまざまだったが、より深く話を聞いてみると、むしろかなり共通していたのは、「おカネの束縛から自由になりたい」という気持ちだった。たとえば、ある人はこんなふうに語る。

「いろんなエネルギーっていうのがあるんだけど、それをみんな買って使ってるわけですよね。電気って使わなくても基本料金っていうのが発生しちゃうんですよね。……なんでそういうのを払わないといけないのって……生きてるだけでおカネがかかるっていうのが、私はすごく疑問だったの。水だって何だって自然のものを買うっておかしいよね」（埼玉県、40代女性）

「おカネがあれば幸せなのかどうなのかなってのは普段の幸せ、幸福感を感じるときはどういうときかって考えたときに、やっぱりおカネで買えないものこそ人生を豊かにするのか

なっていうのは日々、具体的には感じる」（静岡県、20代男性）

原発事故によって私たちは日々の暮らしがとてつもなく巨大で人間の顔が見えないシステムに包摂されていることの不気味さを感じとった。そのシステムから電気を提供してもらうために日々おカネを稼がなくてはならない。そうではなくオフグリッドを選択し、電気だけでもそこから切り離されることは、その分おカネによる支配から自由になり、おカネの「疎外」から解放されることになる。それは生きる実感を取り戻し、人生を自分らしく生きるための有効な選択肢だったのだ。

おカネ道

おカネに心を支配されたくない。でもおカネなしには暮らせない。ではどうすればよいのか。私は「おカネ道」というのを提案したい。おカネは現代社会を成り立たせている私たち共通の物語なのだから、これを「道」として追求することは、社会をよりよくすることになるのではないだろうか。

おカネの最大の特徴は数字で表されることだ。数の問題は数で解決するほかはない。精神力では解決できない。収入を書き出し、支出を書き出し、そのバランスを定量的に検討する。収支がマイナスならどうプラスにするかと考える。収入を増やすか支出を減らすか、この二つしかない。シンプルだ。また数字のよいところは、将来の計画を立ててシミュレーションをすることができるということだ。そのシミュレーションが正しいかどうか、毎日、毎月、毎年検証して計画を修正していくことができる。おカネのことで不安という場合は、数字で明らかにするのが一番よい。人間はわからないことに恐怖を感じる生き物だ。数字というのは人間がものごとを理解するためのツールとして最大の発明だ。活用しない手はない。

次に暮らしの中でおカネに依存する部分をできるだけ減らしていきたい。断捨離をしてミニマリストを目指すのも「おカネ道」としてよい取り組みだ。モノへの執着を断ち、持ち物を少なくすることは現代における最大の修行ポイントといえるだろう。

すべてを自給自足できればおカネは必要ない。食料の調達は家庭菜園で葉物野菜を作るところから始めてみてはどうだろう。ハードウェアもできるだけＤＩＹで作ってみる。好きなものに囲まれて暮らすのは人生の大きな喜びだが、買ってきたモノよりも作ったモノのほうが確実に愛着がわく。少しずつスキルを向上させてＤＩＹの領域を増やしていきたい。ただ本棚を作ろうとしたら板を切って自分で作ることはできるが、板を切るノコギリを自分で作ることは難しい。ＤＩＹでやった方がよいことと、おカネを払って調達した方がよいことの見極めが大事だ。この見極めは「おカネ道」の大事な修行ポイントだ。

どうせおカネを使うなら、受け取る側の人の顔が見えてその人にとって有効な使い方をしたい。これぞという技や知見を持っている人の仕事におカネを使う。家具が必要なら、ＩＫＥＡで買って組み立てるのではなく、近くにいる駆け出しの若い木工職人に頼む。もちろんそちらの方が高くつくが、ＩＫＥＡに払ったおカネは世界全体に薄まってしまう。おそらく海外のおカネ持ちの投資家の懐に入ることになる。それよりは身近に木工職人がいるような地域で暮らした方が気持ちよいと私は思う。そのために自分のおカネが貢献するなら、これほど良い使い道はないのではないだろうか。

次は贈与経済を広げよう。クラウドファンディングが日本でこれほど普及するとは正直私は思っていなかった。皆、おカネの使い道に何らかの疑問や違和感を持っていたのだろう。気軽に寄付ができるこの仕組みは「おカネ道」にとって最適な修行の場である。これぞというプロジェクトを応援する。そうしてクラファン経済が大きくなれば、自分が何かをやろうとしたときに応援してもらえる。

北方のアイヌなどの先住民族は狩猟の民であったと同時に交易の民であった。その交易は物々交換であるが、その原初形態は贈り物だった。異なる民族や部族に出会うと、まずはお互いに贈り物をしあう。それが等価かどうかはわからないし、等価かどうかはどうでもよい。

かつての日本の田舎では結で田植えが終わると、ボタモチを作って親戚や近所に配った。ご近所さんもボタモチを作ってそれが届く。これがかつての田舎の付き合いだった。いまでもその片鱗は残っていて、何かと野菜や手作りの加工品やお菓子などが届く。ありがたいが、貰いっぱなしではまずい。こちらも何かと届ける。買ってきたものではなく、不細工でも自分たちで心を込めて作った物を届ける。ふつうのおカネの取引はgive and takeだが、贈与経済はgive and giveだ。与え続けると、与えられる。本当にそうなるかどうかはもちろんわからないが、私の経験則ではそうなる。

このような修養によって、暮らしの中でおカネに依存している部分を下げていく。暮らしの全体の中でおカネに依存しない部分の割合を「give and give係数」とでも呼んでみたらどうだろう。これを高めたい。おカネを使う場合は良いもの・良いことにだけ使う。そのことで人格を磨き（おカネが少なくても）豊かな人生を送る。これが「おカネ道」だ。

第6章　解けなくなった人生方程式

――「人並みな暮らし」は幸せなのか

誰もが夢見た一生安泰物語

1975年に発表された「木綿のハンカチーフ」は、私の世代であれば口ずさめない人がいないくらい大ヒットした名曲だ。「恋人よ僕は旅立つ……」で始まるその歌は、田舎に恋人を残して都会に出ていく若者が、都会のメンタリティに染まっていくという物語である。そのメンタリティは本来のその人らしさを見失うものとしてとらえられている。同じ1975年に発表されたユーミンの荒井由実時代の名曲「卒業写真」も同じモチーフを歌っている。ここでも学校を卒業して都会的な暮らしに入っていく中で「変わっていく私をあなたは時々しかって」と歌う。

これらの曲が大ヒットしたのは、人々の心に同じ物語が流れていたからだ。1950年代後半から朝鮮戦争の特需で日本の産業が息を吹き返し、そのまま1960年代の高度経済成長の時代へと突入する。この時期には、太平洋ベルト地帯と呼ばれた関東から中部、関西、瀬戸内へと続く地域に大規模な工場団地や石油化学コンビナートがつくられ、工業が発展し、日本が「世界の工場」となっていった。大量の労働力が必要となり、それは田舎から供給された。中学校を卒業すると「集団就職」と称して、学校ぐるみで一つの企業に就職し、寮で暮らしながら働き始めた。彼らは「金の卵」ともてはやされた。

1960年代後半になると、中学卒での就職は下火となり、高校・大学への進学率が上がる。小熊英二『日本社会のしくみ――雇用・教育・福祉の歴史社会学』（2019年）には、高度経済成長時代に、「良い学校→良い会社＝大企業＝終身雇用・年功序列→定年＝退職金＋年金」という人生方程式が確立していったプロセスが詳しく解説されている。

戦前には、役所でも企業でも「上級職員」、「下級職員」、「現場労働者」という3層構造が歴然としており、上級職員はある種の特権階級だった。職場には何時に出ていってもよく、早く退出してもかまわない。それでいて報酬はいまでは考えられないくらい高額だった。その立場は雇用者というよりは一つの身分だった。職場に入る門やトイレまで特別で、つまり身分差別があったわけだ。そして終身雇用や年功賃金は上級職員のみの特権だった。それが昭和の戦争が終わり、生活苦の中で下級職員と現場労働者の垣根がなくなる。燎原の火のように燃え広がった激しい労働運動の中で、企業別の労働組合が力を強め、下級職員も現場労働者も同じ組合員として、上級職員の特権だった終身雇用と年功賃金を獲得する運動を進める。激しい労働争議の時代を経て、安定した経営を望む経営者はその要求を受け入れていった。

ただそれは大企業の中での話で、中小企業や自営業、農業などの従事者には縁のないことだった。一方で、大企業は新卒一括採用で男性の新入社員を受け入れ、その際には学歴が唯一の物差しとなった。その意味するところは、男なら誰でも、学歴さえあれば戦前の上級職員並みの待遇を得られるということだ。賃金格差は小さくなったが、それでもずいぶん高い給料がもらえる。

定年後には退職金や年金までついて一生安泰だ。

高度成長時代には「教育の機会均等」ということが神経質なまでに追求された。それはつまり、「良い学校」に進学することで「終身雇用・年功序列」への機会を誰もが得られるようにするということだった。「良い学校→良い会社＝大企業＝終身雇用・年功序列→定年＝退職金＋年金」という人生方程式が、高度経済成長期の人々に共有される物語となった。

ただ、この方程式に乗れる人は男性の大企業従業員や公務員など就業者全体の3分の1程度である。女性、中小企業や自営業者、農家などはカヤの外である。だからこそ親たちは子どもたちに学歴・学校歴を求めるようになり、中学・高校が受験競争の場として塗りつぶされていった。女性の立場は複雑だ。いい大学を出たからといって、終身雇用・年功序列のレールに乗れるわけではなかった。もっとも望ましいのは大企業にＯＬとして就職し、そこで結婚相手を見つけて「寿退職」で専業主婦へというコースだ。これで先ほどの人生方程式に乗れることになる。そのために女性も受験競争の中に放り込まれた。

田舎において高校進学率が上がるということは、村から若者が出ていくということになる。通学できる高校は限られており、偏差値によって高校が序列化される中で、「良い高校」は都市にあることになる。田舎の高校は、学力的に町の高校に行けなかった子どもが行くところということになるわけだ。「良い高校」へ行こうとすれば、村から出て高校から下宿するということになる。そうやって、多くの若者が高校進学時に村を出ていくことになった。高校卒業後はそのまま都会で就職するか、大学に進学し、大学を卒業した後もそのまま都会で就職することになった。こうして高等学校は田舎から都会に若者を送り込む「人材ポンプ」の役割を果たしてきた。

田舎の親たちは、かつての里山のコメ作りの過酷な労働を耐えてきた世代だ。子どもたちに自分たちのようなみじめな思いをさせたくないと、積極的に子どもたちを進学させ都会に送り込んだ。農作業の手伝いはさせず「勉強しなさい」と尻をたたいた。

「良い学校→良い会社＝大企業＝終身雇用・年功序列→定年＝退職金＋年金」という物語は、結局安定した収入があるのが一番大事だということを意味する。おカネの物語の現代版である。こうして高校を卒業した若者が田舎から都会に出ていくことで、彼らは「生国」と「村」から切り離され、大挙して「日本国」に入っていくことになった。流行歌において都会のメンタリティに染まることが何かネガティブなものとしてとらえられたのは、多くの都会に出ていった若者が、「生国」と「村」から切り離されたことの悲しみを、無意識のうちに感じていたからではないかと思う。

成長時代の夢のまま変わらない教育

「良い学校→良い会社＝大企業＝終身雇用・年功序列→定年＝退職金＋年金」という人生方程

式が私たちの社会を成り立たせる共通の物語となった結果、日本の学校教育はグロテスクなものになっていった。中学校は「良い高校」へ進学するための、普通高校は「良い大学」へ進学するための受験勉強の場となった。高校は「普商工農水」と序列化され、普通高校も偏差値で序列化された。その序列の高位に行く者は尊ばれ、下位になれば低く見られた。あるとき夜の住宅街に車がずらっと並んでいて何かと思ったら、中学生たちが夜に塾に行き、そのお迎えの親たちの車だった。昼間ずっと勉強して、部活をし、夕食もそこそこに夜は塾。これが仕事だったら過労死レベルを超える長時間労働だ。私はこれはとてもグロテスクな光景だと思う。

教育の目的は戦前と戦後で180度転換したとされる。戦前は明治天皇が日本の教育方針として下した教育勅語に書かれているもので、天皇の臣民として、端的には国家の戦略のためには戦争で死ぬことも厭わない人間を育てるのがその目的だった。戦後は教育についての原則を定めた教育基本法に示されている。その第1条にはこう謳われている。「教育は、人格の完成を目指し、平和で民主的な国家及び社会の形成者として必要な資質を備えた心身ともに健康な国民の育成を期して行われなければならない」。

私はこれには戦前戦後の断絶よりも継続を感じる。というのも、どちらも「国家及び社会の形成者」の育成を教育の目的としているように思うからだ。本来、教育の目的は一人ひとりの子どもを人間性豊かに、個性的に育てるということなのだと思うが、その目的は「人格の完成を目指し」に入っているのだろうか。しかしそれも「国家及び社会の形成者」育成のために必要だから、というふうにこの条文は読める。

戦前は天皇制の絶対主義国家だったが、戦後は民主国家となった。だから教育の目的も内実も同じわけはないと思う人もいるかもしれない。もちろんそれは本質的な違いであり、教育基本法は昭和の戦争という巨大な犠牲のもとに獲得された宝物だ。

それでも私には不自然に思えるのは、戦後70年を経たいまでも、小学校ではランドセル、少なくなってきたとはいえ、中学校では詰襟にセーラー服という子どもたちの出で立ちである。どれも軍隊の装備である。ランドセルは日清戦争で兵士が携行したもの、セーラー服は名の如し海軍の軍服、詰襟も軍服だ。もちろんそのような制服を定めている学校は子どもたちに軍服を着せているという意識はないだろうが、むしろ無意識のうちに教育勅語の時代の根本的な想念のようなものが戦後の学校にも連続しているのではないだろうか。

明治に入って学制が敷かれてスタートした公教育の目的は「富国強兵」だった。つまり、強い兵隊を作ることである。すでに明治維新の動乱の中で、高性能な銃を装備した長州藩の軍隊に、圧倒的な数的優位を持つ徳川幕府軍はなすすべもなく敗退した。兵器という高度な機械の使い方を覚え、有効に使用するには、兵士に一定の知識水準が必要である。これがバラバラだと軍隊にならない。知的水準の標準化が必要なわけである。それゆえに、一人ひとりの個性を伸ばすことではなく、一定水準への同質化が学校教育の目的となった。

その目的は戦後も変質することなく継続したのではないだろうか。高度経済成長が始まると、都市に工場地帯ができ、大量の労働者が必要とされた。また管理部門が巨大化し、事務的な仕事をこなす大量のホワイトカラーが必要とされた。同じ規格の製品を大量生産する大企業の中では、求められるのは個性ではなくやはり知識水準の同質化である。

一方で、「良い学校→良い会社＝大企業＝終身雇用・年功序列→定年＝退職金＋年金」の人生方程式に乗ることを目指して、受験競争が学校教育の中心テーマとなった。同質化と競争。一見矛盾する二つの方向性が日本の学校教育の中で見事に調和した。朝のラジオ体操から卒業式の「贈る言葉」まで、子どもたちは、大人から求められる同質化というあり方に自らを適応させる訓練を積み重ねることになる。面白くもない受験勉強を延々とコツコツと続ける根気を身につける。どれも大企業で働くために必要な資質である。そこから「落ちこぼれ」たら大企業には入れない。すなわち社会的に「低い」階層に甘んじることを、「自分が勉強を頑張らなかったせいだ」と自主的に受け入れることになる。受験競争に勝っても負けても、まったく社会の形成者として申し分ない。

このように、一人ひとりの子どもを人間性・個性豊かに育てるという理想は、個々の教員の個人的な思いとしてはありえても、社会の体制として、そういう目的が学校教育の第一に掲げられたことは、明治維新以来ないのである。

もっとも、このような「国家と社会の形成者」を育てる教育のあり方が機能するのは、そのめざすべき社会像がはっきりしていて、それが国民の大多数に共有されている場合である。戦前は西欧列強に比肩すべき帝国主義国家、戦後は大量生産・大量消費に基づく先進国というあり方であり、その両者を貫いているのは、成長型社会ということである。言い換えれば、年々経済成長する社会、GDPが増えることによって人々の幸せが増大すると期待された社会である。

そしていま、その社会像が揺らいでいる。もう20年も経済は成長していない。人口が減少し始めた社会では、経済は縮小に転ずるのが自然だ。GDPを増やして人々を幸せにできるというのはもはや幻想だ。そうであれば同質化はもう求められない。そこに立ち現れるのは剥き出しの競争社会だ。年々売り上げが減少する国内市場相手の企業は、ある年に採用した社員すべてを、定年まで雇っておくことはできない。幹部候補として見込まれた人を除けば、適当な時期に自ら出ていってもらう必要がある。そのためにどうするか。社員や組織に無理な競争を強い、それに勝ち残ったものだけが生き残るようにするのである。

もちろん大企業は国内市場を早々に見限って多国籍企業化した。その大企業に就職できるのは大学卒の2割程度である。「良い学校を出て良い会社に入れば人生安泰」という方程式は、「トップエリート」以外においてはもはや求めても得られない幻影なのである。そこにあるのは高い階層にある親の子どもが高い階層に再生産されるという自明なルールだ。

それなのに、学校はいまだに成長時代の夢を追っている。社会の根本的な変化のシグナルは学校には届いていない。それは教員だけでなく親たちがまだ終身雇用・年功序列の最終便に乗っているという事情もあるだろう。格差社会になればなるほど、懸命に受験勉強して自分たちの乗った船に乗れと子どもに期待する。しかし、へとへとになって桟橋にたどり着いた子どもたちには、それはもう用意されていない船なのである。

変化の兆しとかすかな希望

外国の大学と日本の大学の最も大きな違いは、講義の際の学生の質問の数である。外国の大学では教員が話している端《はな》からどんどん質問が来る。教員は学生と対話をしながら講義を進める。日本ではほぼ質問が出ない。講義の最後に質問はないかと聞いてもまず出てこない。

日本の大学生は淡々と授業に出て単位を揃え、学部の3年生になったら就職活動の準備をはじめる。リクルートなどが運営している就職マッチングサイトに登録し、せっせとエントリーシートを書き、会社説明会に出向く。学生たちは誰でも名前を知っているような大企業に就職することを望む。実は中小企業は大学卒を喉から手が出るくらい採用したいのだが、学生たちは見向きもしない。

学生たちは何度かの面接を受けて内定をもらう。その面接で、大学で何を専門として勉強しているかということは、ほぼ聞かれない。部活が運動部でキャプテンをやっていたとか、海外に語学留学に行ったとか、そういうことが重視される。

晴れて入社するとき、学生たちは会社の中で自分がどういう仕事をするのか知らない。新入社員はまず研修を受け、現場に実習に出され、それから配属が決まり、実際にその部署に配属されたのちに上司から具体的な仕事の指示をもらう。これが大企業の新卒一括採用だ。こういうやり方をやっているのは日本だけだ。

欧米でも中国でも、採用は会社の中で空きポストができた時に、その仕事ができる人を公募する。また新しいプロジェクトを立ち上げる際に、そのメンバーを公募する。ジョブ型の採用だ。この公募には同じ社内から応募してもよい。公募の際には仕事の内容がはっきりしており、さらに公募要領には応募の際に必要とされる学位や経験、スキルが示されている。ここでは大学で何を学んだかが問われる。学位の種類・専門に応じて公募があるからだ。企業は社員がある学位を持っているとしたら、想定される知識とスキルの水準がはっきりしている。大学はそれを満たす人材を育てるために授業を行う。学生たちは一つひとつの授業が自分の将来と直結しているため、漫然と授業に参加するということはなく、講義でもどんどん質問して少しでも知識とスキルを身につけようとする。

日本では大学で学んだことが将来に直結するのは、医師になる医学部と一級建築士になる建築学科ぐらいだろうか。工学部では特定の研究室が特定の分野の企業と結びついていれば、専門が活かせる仕事に就くことになる。それ以外の学部では、大学で学ぶことと企業に入ってする仕事はふつうはつながらない。かつては文学部や理学部を出ると教員になる人が多く、その場合は仕事と大学の専門が直結していたが、少子化が進んで教員採用数が減り、いまでは多くの学生が企業に就職し、大学で学んだこととはほぼ関係ない仕事に就くことが多い。

多くの学生にとって大学で学ぶ内容は将来のキャリアと直結しないため、何のために学ぶのか曖昧となり、単位を揃えて卒業すること自体が大学で学ぶ目的になる。そのため今日では自分の大学のどの授業が「楽に単位が取れる」か、ネットで情報が共有されている。

一方、大学教員の採用はジョブ型である。特定の学問分野の特定のキャリアを持った人を公募する。大学を卒業して大学院に進み、博士号を取得して大学教員となる。その間はずっと研究しているだけで、大学教員は自らを研究者として認識している。大学院の間に教育をするトレーニングは系統的には受けない。大学に採用されるときは教育に関してはまったく素人だ。経験を積む中で、皆自己流で教育を行っている。大学教員が育てたいのは自分の分野の研究者である。なので学部のカリキュラムは研究者になるための基礎を学ばせることになる。これはたいてい学生にとっては退屈なものだ。一方、教員にとっても授業を行うのは「デューティ」つまり、やらなければやらないほうがよい義務ととらえられている。

教員はできるだけ教育に時間を取られず研究に打ち込みたい。学生は楽に単位が取れればそれでOKだ。ここに教員と学生の奇妙な利害の一致がある。そして大学教育は形がい化する。

中学・高校の6年間、ずっと受験勉強を強いられてきて、やっと入った大学の内実がこれである。大学4年間の学ぶ密度は薄く、卒業するときに何かの一人前になるかというとそういうことはなく、多くの学生は何を学んだか結局ぼんやりした状態で大学を卒業する。しかも田舎からこのような「良い大学」を目指して若者が大挙して都会に出ていき、その結果として田舎は過疎になったのだ。私は中学校から大学までの10年間、若者の魂を抜く作業を組織的に行っているように思えてならない。少なくとも18歳からの4年間、自分の好きなこと、これぞと選んだことの修行に打ち込んだら、相当なレベルの仕事ができるようになると思う。何とももったいない話だ。

こういう事態が許されたのは、大企業が終身雇用・年功序列のシステムを採用したからだ。このシステムはある年に採用した新入社員を30年後には皆課長にしなくてはいけない。当然、その間に会社が大きくなっていなくてはいけない。これは人口が増え、経済が成長している社会でのみ成立する。どんな商品でも作れば売れる時代にはこれが可能だった。

大量生産を滞りなく行うために「言われたことを的確にこなす」同質化された人材が必要とされた。それで新卒一括採用が好都合だった。採用時に社員に「色」がついている必要はない。会社の中で時々の必要に応じてトレーニングして「色」をつけていく。むしろ採用時には「無色」である方が好都合なのである。

しかし少子化が進みついに人口減少の局面に入った日本では、すべての需要は減少していく。これまで売れていた商品が売れなくなる。終身雇用・年功序列の仕組みは維持できない。また大企業は多国籍企業となり、欧米や中国、インドの企業と同じ土俵でしのぎを削っている。作れば売れるということはなく、新しいアイデアに基づいたイノベーションがあってはじめて売れる商品ができる。いま求められる人材は、幅広い知識と好奇心を持ち、アイデアがあり、グループをまとめてプロジェクトをマネージできる人だ。これまでの学校・大学で育てていた人材像と真逆だ。これからは個性的な「色」がついた人を採用したいと日本企業も考えるようになり、採用のやり方を変えはじめた。大学在学中にインターンシップで会社を体験してもらい、じっくりその人の力や適性を見てから採用するように変わりつつある。プロジェクトごとに即戦力を中途採用することも珍しくなくなってきた。新卒一括採用は崩れつつある。

大学教育もこれから大きく変わっていかざるをえないだろう。もう形がい化したままでは許されない。自分が打ち込みたいことが学問だという人は大学に来てほしい。4年間で相当なレベルに到達することを保証できる。そして大学院に進み研究者になってほしい。私自身は大学・大学院で学び研究したことをネタにソーシャルビジネスやローカルベンチャーを起業する人を育てたいと思っている。私の指導した学生が卒業後に起業した会社は3社となった。彼らにも学びながら、学部1年生のセミナーから大学院修士課程まで授業の改革を進めつつある。

第7章

第2次移住ブームがやってきた

——自分らしい生き方を求めて

なぜ田舎から出ていくのか

田舎に生まれ育った若者たちは、なぜ都会に出ていくのか。たとえば、その理由としてよくいわれることに、田舎の窮屈さがあげられる。ある女性が打ち明けてくれたのだが、彼女が村の中をタンクトップで歩いていたら、あちこちから「あのかっこうは何だ！」と言われ、それからというものいつも誰かに監視されているような気持ちになり、逃げだすようにして都会に来たというのだ。それはたしかにうんざりとした気分になるだろう。

ただ、このように田舎がいやでたまらない、という話を、じつはあまり聞いたことがない。実際は、通えるところに高校、大学がないため、進学のために都会に出るのはある意味当たり前で、そのまま都会で就職して、結婚して、郊外に家を建てて、という流れが多いと思う。

いまの田舎の地域のリーダー層である70歳代の団塊世代のおじさんたちの多くは、同じようにして若いころ都会に出て暮らした経験がある。それが途中で家の跡取りとして呼び戻された。都会での仕事をやめて田舎の実家に戻って農業や林業に従事するようになった。都会でみていた夢を断念せざるを得なかった人も多くあっただろう。

彼らの親の世代は大正末期くらいから昭和ひとケタ世代であり、ずっと田舎で農林業をやって暮らしてきた。高度成長期に入ってからは土建業などを兼業しながら田畑を守ってきた世代である。高度成長前の日本の田舎は貧しかった。夜明けから日没まで汗だくで働いても収入は少なく生活は苦しかった。自分の子どもたちには、こんなみじめな思いをさせたくない。都会で教育を受けさせて、都会でサラリーマンとしてひとかどの家庭を持たせることが親の務めと考えた。

一方で、先祖伝来の土地（農地改革で「とりもどした」という思いもある）を守ることは何より大切で、そのために長男、長女は跡取りとして家に帰ってきてほしいと考えた。田舎の農林業でも1980年くらいまではそれなりに稼ぎになり、兼業すれば、都会のサラリーマンと同じくらいの収入は確保できたのである。

そうやって呼び戻された団塊世代は、自分の子どもたちにも当然のごとく都会で教育を受けさせることを親の務めと考えた。そして子どもが就職し結婚して家庭をもち、都市の郊外に家を新築しようというときには、資金を援助したりした。高度成長をへた日本では、田舎も豊かになった。もうみじめな暮らしではない。むしろ自然に囲まれ、広い家に住み、ゆとりのある暮らしができる。しかし、もう農林業は稼ぎにならなくなった。子どもたちが田舎に帰ってきても、かつてのような収入を得ることは望めない。もう帰ってこいとは言えなくなった。この世代の意識は屈折せざるを得ないのである。

地域づくりの活動が活発に行われている三重県の山中にある限界集落の村を訪問した際、そのような屈折する心模様をじかに聞いた。昭和ひとケタ世代の地域リーダーの一人は、都会から訪ねてくる若者には、こちらに来て空き家に住んだらどうかとさかんに勧めている。一方、最近、お孫さんが大学を卒業して家業の養鶏を継ぐために帰ってきたという。だが、そのお孫さんに対しては、帰ってくることに反対したそうだ。リーダーいわく「大学を出たものがやる仕事じゃない。都会でちゃんとした仕事をしてほしい」。しかしお孫さんは「どうしてもやりたい」とその反対を押し切って村に帰ってきて、慣れない養鶏の経営にチャレンジしていた。

同じような話は日本に限らない。中国東北部の農村の調査では、トウモロコシの栽培と少しの出稼ぎで安定した暮らしが営まれており、大人たちはその生活に満足していた。しかし、子どもの話になると、即座に「都会に出す」という答えが返ってくる。「都会に出て社会に役立つ人になってほしい」というのが親の願いだ。

結局、若者が田舎から出ていって帰ってこない最大の理由は、親たちの期待に応えるため、ということだ。親たちが子どもの幸せを願って、そのように望んでいるのである。

都会に出て暮らすことが、幸せで社会の役に立つ人生であるという認識は、経済成長段階にある社会にとって好都合である。都市にはたくさんの雇用が生まれて人手が必要だからだ。都会に出て働くことは、そのような社会にとってまさに「社会の役に立つ」ことになる。

しかし、前にもふれたように経済成長が終焉しつつある日本社会では状況が変わってきた。大企業では終身雇用・年功序列のシステムは崩壊しつつあり、採用されても定年まで会社にいられるかどうかはわからない事態になってきた。一方で、田舎には森林や農地、水という資源が豊富にあるにもかかわらず、それを管理・活用する人手がなくて荒れ果てている。となれば、いまでは、田舎で農林業をやることが「社会の役に立つ」ことなのではないだろうか。

若者たちはそのことを敏感に察知している。農業高校を舞台とした青春まんが『銀の匙 Silver Spoon』（荒川弘著）がベストセラーになり、林業を取り上げた映画『WOOD JOB！ 神去なあなあ日常』（矢口史靖監督）もヒットした。10年前には考えられなかったことである。

そういう認識がもっとも遅れているのが、田舎の大人たちではないだろうか。自分たちが誇りに思っている集落の魅力を、子どもたち、孫たちに堂々と見せてほしい。この村での暮らしのあとをついでほしいと胸をはって言ってほしい。若い世代はその言葉を待っているのだ。

なぜ田舎にやってくるのか

2010年くらいから田舎へ若い世代が移住する動きがはっきりしてきた。じつはこれは2回目の田舎への移住ブームだ。1回目は1970年代後半から80年代前半くらいまでにあった。当時、公害が社会問題となり、アメリカからヒッピーの文化が上陸し、都市文明に対する批判的な思考が広まった。また70年安保闘争が敗北に終わり政治的な閉塞感が強まった。そのような社会状況のなか、グループを作って田舎に入り、自給自足の暮らしをする人たちが現れた。財布も共通にして一つの家族のように暮らす「コミューン」である。彼らは田舎に社会の理想を夢みて移住した。当然、田舎の人たちに理解されるはずもなく、その多くは地域からは孤立して、自分たちだけの世界を作ろうとした。それらのグループはいまはほとんど残っていない。カップルができて独立したり、仲間内で仲たがいして分裂したりして都会へ撤退した者が多い。

今回の移住ブームの様相は1回目とはまったく違う。彼らは高邁《こうまい》な理想を描いて来るわけではない。あくまで自分のライフスタイルとして家族単位で移住してくる。私は都会から移住してくる若い人たちとたくさん対話をして、彼らに会うとまずはなぜ田舎に移住してきたのか、その動機を聞いた。

最も多い動機は「自然豊かな広々としたところで子育てをしたい」という思いだ。都会のマンション暮らしでは外に出たとたん交通事故の心配があるし、猫の額のような公園には自然がほとんどない。子どもには野山や川で泥まみれでかけずり回って遊ぶような経験をさせてあげたい。それで子どもが小学校に上がる直前のタイミングで移住してくる人が多い。

次に多いのが「自分で食べるものは自分で作る農的な暮らしがしたい」というものだ。2011年に発生した東日本大震災のときに、コンビニエンスストアの店頭から商品がなくなったという衝撃的な光景を目の当たりにした人たちは、食べるものをすべておカネで買う暮らしの危うさを感じ取った。また残留農薬や添加物、遺伝子組換えなど食の安全性に懸念を持つ人は、本当に安心・安全なものを家族に食べさせたいと思えば、最後は自分で作るしかない。その中には塩見直紀さんの『半農半Xという生き方』を読んで「半農」の暮らしをやってみたいという人たちも多い。

さらに深く対話を進めていくと、次のようなことが典型的に語られる。

都会の大企業で働いていたとき、自分のやっている仕事は社会に貢献していない、むしろ悪くすることにつながっているのではないか、と疑念が生まれた。それがだんだんと深刻なものになり、あるとき耐えきれなくなった。そして仕事を辞める決心をした。田舎にきて収入はずいぶん減ったが、集落の人たちに喜ばれ、生活に手ごたえがあり、満足している。

仕事に対する疑問やモヤモヤを抱えたまま都会で暮らしていて、身体や心の不調を抱える人は多い。それで心機一転の場合もあるし、あるいは都会から逃げるようにしてという場合もあるが、田舎への移住を選択するという姿がある。職場でハラスメントを受けたり、うつになったり、失業したりという経験を持つ人もいる。

また、次のような話もよく聞く。

都会の暮らしでは地域社会に参加する機会がほとんどない。隣に住んでいる人もよく知らない。ところが、田舎では集落の人との付き合いが濃厚で、自分がそこで受け入れられ、期待されていることを実感する。自分たちが地域に参加し、貢献している手ごたえがある。

都会の暮らしではマンションの隣の部屋にどんな人が住んでいるかよくわからない。廊下で会えば挨拶をする程度だ。それぞれの部屋の中で家族が孤立して暮らしており、困っても誰に助けを求めたらよいのかわからない。そのことの居心地の悪さ、あやうさを感じている人が多くなっているのだと思う。

このように、移住してきた若い人たちと対話を進めていくと、実は都市が抱える問題が見えてくる。都市では若い人たちが漠然とした不安感と不全感の中で暮らしている。「この先食っていけるのだろうか」という将来に対する不安とともに、「自分らしい生き方ができていない」という不全感だ。田舎に移住してくる彼らは、田舎でそれらが解決できるという明確な成算があって来ているわけではないが、都会で暮らし続けるよりも何かより良い方向への変化があるのではないか、という期待があっての移住であろう。

政府の『田園回帰に関する調査報告書』（2018年）では移住した人にアンケート調査を行って、その動機を聞いている。一番多い回答は「気候や自然環境に恵まれたところで暮らしたいと思ったから」（47・4％）。これはよくわかる。次に多いのが「それまでの働き方や暮らし方を変えたかったから」（30・3％）だ。アンケートにこの質問を加えた調査担当者に拍手を送りたい。人生にはいくつかの大きな転機がある。何らかの事情で仕事を辞めざるをえなかったとか、離婚したとかいうようなとき、次の行き先として田舎へという選択肢が出てきたわけだ。良い時代になったと思う。

過疎の田舎が都市からの若い移住者を受け入れているということは、田舎が都市を助けているともいえるのではないだろうか。私には彼らは、直感的に都市の危うさを感じて、いち早く安全な場所に逃れてきているように見える。

ただ、ここで注意すべきことは、移住してきた若い人たちと、田舎の地元の人たちとの価値観には大きな違いがあるということだ。地元の人たちは、移住者に来てほしいと思い、積極的に支援をして入ってもらっても、なぜ彼らが田舎にやってくるのか、本当には理解することは難しい。なにせ自分の子どもたちは都会に「出してやった」のだ。なぜその都会からわざわざ田舎に来るのか。

地元の人たちは、善意から移住者に対して「いろいろ不便なので困ったことはないか」と聞く。それに対して移住者は困ってしまう。彼らは「ここには望んでいたすべてがある」と感じており、別に困ったことはないからだ。

逆に、移住者からすれば田舎のコミュニティのあり方にはいろいろと違和感を感じることもある。先に紹介した地域ぐるみ選挙などはその一例だ。選挙になると一種のお祭りのような騒ぎになる。地元選出の候補者を応援するのは住民としては当然だという、強烈な同調圧力がかかる。

また田舎は一般に自治会費が都会に比べてかなり高い。年に数万円になるところもふつうにある。その中には神社のお祭りの費用やお社の維持費などが入っていることが多い。別に神道を信じているわけではないのに、住民になると自動的に神社のためにおカネを出さないといけないというのは納得できない人もいるだろう。村の寄り合いで民主的に物事が決められると言っても、そこに参加するのはほとんど世帯主の男性だ。コミュニティの運営について女性が正式に発言できる場はほとんどない。

つまり、田舎へ移住するということは、移住する側と迎える側の異なる価値観が出会うということだ。これは言ってみれば異文化共生という課題である。どちらかに一本化するということではなく、お互いの価値観を尊重し、うまく仲良くやっていくほかない。移住者から見れば奇妙に思われる慣習も、本書で述べてきたように江戸時代から続く長い歴史的な存在理由がある。それをいますぐ変えろといってもまず無理な話だ。地元側は移住者の気持ちは本当にはわからないとしても、同じ地域に暮らす仲間としてのお付き合いはできる。お互いに、ときには微妙な問題にはあえて触らないという知恵も異文化共生には必要だ。そうする中で、少しずつお互いの価値観の違いに対する理解が進み、地域のあり方も少しずつ変わっていく。異文化共生には息の長い取り組みが必要なのである。

どんな仕事をして食べていくか

田舎への第2次移住ブームが始まるまでにも一定数の移住者はいて、それはTV番組の「人生の楽園」で描かれたような、定年退職もしくは早期退職した夫とその妻が、田舎で悠々自適のスローライフ、みたいなノリだった。いまは違う。岐阜県は毎年の移住者の統計を発表しているが、それを見ると全体の4分の3は40代以下だ。30、40代の夫婦と子ども、あとは20代の独身だ。そうであれば、その人たちの仕事、生業はどうなっているか気になるところだろう。

田舎から若い人が出ていったのは、「田舎には仕事がない」からだという考えが一般的だ。私もそう思っていた。でも実際に田舎でフィールドワークをしてみると、田舎の事業所は皆、人手不足で困っていた。専業農家、旅館などの観光施設、福祉施設、工場、土建業などなど……。ハローワークに求人票を出しても問い合わせすらない。それで山奥の工場で外国人技能実習生が働いていたりする。むしろ田舎に仕事はたくさんあるのである。いや、そうは言っても若い人がやりたいような仕事はない、という考えもあるだろう。しかし、いまの大学生を見ていて思うのだが、そもそも何がやりたいかはっきりしている若者は少ない。つまり、田舎にある仕事を、若者がやりたいかやりたくないかはわからないわけだ。一方で、最近ではデザイナーやICT（情報通信技術）関連など、若い人が好きそうな多様な仕事が田舎で展開されている。「田舎には仕事がない」という考えは間違っているといえる。

最近では田舎で起業する人もけっこういる。岡山県西粟倉村では、「ローカルベンチャー」という新しい言葉を作り、地域の資源や文化を活用して小さなビジネスにする起業家を育てている。「ローカルベンチャースクール」を開き、ビジネスプランを募集する。審査によって3年で独り立ちできそうなものを選んで採用する。その人は村に来て、3年間地域おこし協力隊として、収入を得ながら起業にチャレンジする。村は活動費とメンターをつけ全面的に支援する。そうやってここ10年ほどでたくさんの小さな会社が村の中にできた。村の「ローカルベンチャー図鑑」には27社が紹介されている。林業、木工から始まって、ゲストハウス、食品加工、不動産、建築、エネルギー、福祉、医療まで村で生活する上で必要な業種が網羅されている。また彼らが作る製品は全国で売られている。彼らに聞くと、起業したいなら都会よりも田舎の方がやりやすいという。行政の支援を得られるだけでなく、競争相手がいない、メディアが注目してくれる、顔を覚えてもらえる、口コミが広がりやすい、助け合える仲間がいる、などがその理由だ。

愛知県豊田市が市の空き家情報バンクを利用して市内の田舎に移住した人について、2019年にアンケート調査をしたところ、世帯主の職業は約半分の47・8％が会社員・公務員等だった。豊田市の山間部は市街地まで車で通勤できる距離にある。一方、農業、林業を専業でやる人は10・6％で意外と多くはない。あとのざっと4割の人は、自営業、フリーランス、アルバイト・パート、無職などだ。この4割の人のかなりの部分は、私たちが多業と呼ぶ働き方をしていると思われる。

典型的な多業の姿は以下のようなものだ。とにかく空き家を見つけて家族で移住してくる。地域の草刈り作業などに出て、「あの空き家に若いモンが入ったらしい」という話が伝わると、「ちょっと手伝ってもらえないか」という話が舞い込む。専業農家が出荷のときだけ忙しいとか、旅館が夏の間だけ忙しいとか、そういう季節の仕事だ。それをやってみると、さらに評判がたって次々に仕事の依頼がくる。それをやっていれば年間の仕事になる。これを多業という。一つの雇用先に雇われるのではなく、多種多様な仕事をやって1年稼ぐということだ。年収の目標はまずは200万円だ。これだけあれば家族4人がそれなりに暮らしていける。いろいろな仕事を経験することで、地域のことを知ることができるし、また地域の人に自分たちを知ってもらえる。スキルも身につく。移住した側もどこかに雇用されてずっと時間を拘束されるのはうまくない。家庭菜園をやったり家の修理をしたりしたい。そこでパートタイムの仕事が好都合だ。

そうやって働き暮らしていく中で、自分がこういうのが得意だとか、好きだとか、また周りに喜ばれるとか、そういう仕事がわかってくる。そうするとその仕事の比重が高まっていき、その延長に個人事業主となったり、会社を作って起業することになる。そうすると年収300万円、400万円のレベルになっていく。その場合でも頼まれ仕事も依然としてあり、多業が続くことが多い。このようなあり方だと「起業するぞ」と背伸びすることなく、無理なく自然に自分の仕事ができていく。仕事は作るものではなく、できるものだ。

最近では事業を引き継ぐ継業も見られるようになってきた。いま田舎では、専業農家やスーパー、新聞店、旅館など、固定客もいて黒字であるにもかかわらず、後継者がおらず事業主が高齢になってやめていくという事業が無数にある。これを引き継ぐということだ。果樹などは苗を植えても数年は収穫がないためこれをゼロから始めるのは難しいが、果樹園をそのまま引き継げばその年から収入がある。

このように、田舎に移住してくれば、雇用、多業、継業、起業と多種多様な働き方・暮らし方ができる。また、新型コロナ感染拡大でテレワークが一気に普及した。週に2、3日なら遠距離通勤でもよいと思えば、都会の会社に雇用されたまま田舎で暮らし働くというライフスタイルが可能になった。都会で大企業に入っても終身雇用・年功序列のシステムが崩れつつあるいま、むしろ田舎で仕事が「自ずからできる」ようになる方が、安定した楽しい生活になる可能性が高いのではないだろうか。

里山の子育て

田舎の子育ては都会に比べればずいぶん楽だ。幼い子どものいる場合、都会では、家の玄関を出たらずっと子どもの手を握っていないといけない。子どもが二人いれば逆方向に行こうとして弱りはてる。母親はワンオペ育児になりがちで孤立してしまう。一方で「公園デビュー」などで周りのママさんたちに気を使わなくてはいけない。

それに対して、田舎では子どもを「放し飼い」にできる。子どもは山の斜面に一本ロープが垂れ下がっていれば、もう何度でも登ったり降りたりして飽きることがない。目の届くところにいれば自由に遊んでいる。ちょっと見えないと思ったら隣の家に上がりこんでおばあさんにおやつをもらっていたりする。自分一人ではなく周囲の目が見守ってくれる感じがある。また子どもが何をやっても周囲に迷惑がかかるということがないので、「あれはダメこれはダメ」と口うるさくしなくてすむのも気持ちにゆとりがうまれる。

多くの幼児たちは保育園に通っている。都会のように定員がいっぱいで入れないということはない。子どもたちはそこに行けば同世代の友だちと出会えるが、一方、近所に同じような世代の子どもがいない場合が多く、ちょっとしたことで親同士で助け合うようなことがやりにくい。どこに行くにも車で移動だから、都会のように歩いていて偶然にすれ違うこともない。そこで、移住者同士、何かと集まり、一緒にお茶を飲んだり食事をしたりして、交流を深めている。そのかたわらで子どもたちが集団できゃっきゃと遊ぶ姿がある。

小学校はどうなっているかというと、田舎の小学校は少人数だ。一学年数人という場合や、複式学級の場合もある。移住してくる親たちは、このような少人数の学校に子どもを入れたくてやってくる。都会の1クラス30人とかに比べれば、はるかに先生の目が一人ひとりの子どもに届く。田舎の大人たちは「少人数クラスでは社会性が育たない」などと考えがちだが、決してそういうことはない。むしろ少人数で自分の意見を発表する機会が多く、自分の考えを持ったしっかりした子に育つという面もある。複式学級も長い経験がありノウハウが蓄積されている。決して勉強の進み具合が遅れたりすることはなく、むしろ上の学年の子が下の学年の子を教えてあげるという場面もあって、子どもの成長には有利な面もある。

ただあまりに児童数が少なくなると男女比が偏る場合があり、クラスに女の子はうちの子ひとり、というようなときは親としては少し心配になるだろう。またクラス替えがなくずっと同じメンバーなので、人間関係がうまくいかないと、それが固定化されやすいという点は注意が必要だ。そういうことを考えあわせると、小学校は1クラス10人くらいがよいのではないかと思う。

昔は小学校に通うのに、山を越えて長い距離を歩いて通学した子どもが多かった。低学年の子どもにはつらかっただろう。いまではスクールバスでの通学が増えていて、親としても安心だ。ただ、これも良し悪しで、徒歩通学だと学校から帰る道すがらの寄り道がとても楽しかったという話を聞く。当然足腰は強くなる。

田舎の子どもたちは自然の中で思いきり遊んでいるというイメージがあるかもしれないが、じつは田舎といえども子どもたちは自分から野山や川で遊ぶことはない。家の中でゲームをやっているのは都会と同じだ。親や地域ぐるみで子どもを外に連れ出す努力をしなければならない。

そこで最近では若いお母さんたちが中心になってグループを作り、何かと行事をやって楽しく子育てしようとするようすが各地で見られる。私が住んでいる恵那市飯地町にも「おなかまの会」というのがあって、この前も芋掘りイベントがあった。

地域の農家が提供してくれた畑で、指導を受けながら皆で育てたサツマ芋を収穫するというもので、子どもも大人も一緒になって芋掘りを楽しむ。それをその場で焼き芋にしたり、お菓子にして皆で味わうのだ。秋の柔らかい日差しの中で外にブルーシートを広げて、お昼のお弁当とともにそれらを食べる。そのあと、男の子たちがお父さんたちと「プロレス」をしてころげまわっていた。久々にそういう光景を見てうれしくなった。

そういう行事に移住希望の家族が招かれることもある。「移住してこの仲間に入ればよい」ということがわかって移住への思いが具体的になり、ことが進むことになる。

田舎に移住してくると、ふつうはお父さんの収入はかなり減る。当座の暮らしは大丈夫だが、子どもが大きくなってくると教育にかかるおカネが気になる。都会ではそのために子どもがもう一人欲しくてもやめておこうということになるが、田舎ではおカネがないから子どもを産まないという感覚はあまりない。3人、4人と子どもがいる家族がけっこうある。子どもの教育におカネがかかるようになれば、そのときは親が頑張るということだ。なんとかなるという感じがある。

ところで「森のようちえん」をご存じだろうか。近年、各地で森のようちえんが開設されるようになった。

自然体験をメインにすえた就学前の子どもたち向けの子育ての場で、園舎はなく雨が降っても雪が降っても山の中で1日過ごす。指導員は子どもたちを見守るだけで、あれをしなさいこれをしなさいとは言わない。ケンカが始まってもしばらくは静観。子どもの自主性を尊重して必要にして最小限の手助けをする。どこまでは黙っていてどこから介入するか、その見極めが難しく、ここに森のようちえんの指導員の専門性がある。森のようちえんに子どもを入れたいために田舎に移住してくる家族もいる。

そのようにして育った子どもが中学、高校になると受験競争に巻き込まれていくのが私としてはなんとももったいないと思う。森のようちえんの中学・高校版を作りたい。自分が興味のあることについて地域の大人たちから専門的なことを学び、スキルを身につけ、地域の中で一人前として働き暮らすことができるようになるための学びの場だ。学問に目覚めれば大学に行けばよいが、そうでなければ、一度は外に出て世界を旅してくる。その上で地域の中で働き暮らし、地域を支える人になる。私はそういうライフコースが、田舎で生まれ育った子どもたちのふつうの姿になる日を夢みている。

第8章 「弱さ」の物語

――価値の大逆転

「to do」から「to be」へ

愛知県豊田市は2005年に周辺の6町村を合併し、そのうち5つは過疎地だった。市はこれら山間部の地域を盛り立てるために、東京大学教育学部の牧野篤教授の主導により一種の「ショック療法」を考えた。当時国が行っていた緊急雇用創出事業の補助金を利用して、若者を田舎に「つっこむ」プロジェクトだ。「日本再発進！　若者よ田舎をめざそうプロジェクト」と銘打ち、2年半の期間、行政が彼らの給与と活動費を保証し、プロジェクト終了後は自立して地域に住み続けて欲しいというもので、現在国の事業として行われている地域おこし協力隊の先駆けとなるような取り組みだった。

この事業を豊田市から委託されたのが（株）M-easyだ。この会社は牧野教授が東大に移る前の名古屋大学にいる間に支援して立ち上がった、もともとは名古屋大学の学生たちの会社だ。有機農業を標榜し、当時は愛知県常滑市に農場を持ち、また地域で生産される野菜を名古屋の街なかで移動販売をする事業を行っていた。若者プロジェクトのメンバーは、この会社の社員として活動することになり、フィールドとなった豊田市旭地区で有機農業で野菜や果物を生産し、それを都市に持って行って移動販売をすることで、企業として農業をやっていくというのがプロジェクトのシナリオだった。

全国に参加者を募集したところ多くの応募があり、その中から30人を選び、現地で合宿をして行政やM-easyのスタッフだけでなく地元住民も参加して人選を行った。その結果採用された10人はさまざまな経歴を持ち、しかしその時点では失業者であった20代、30代の若者たちだ。これまで農業の経験は特になく、漠然と農業や田舎での暮らしに夢を描いていたという感じだった。

私はこのプロジェクトの企画運営には参加していないが、M-easyの創設メンバーに私の元指導生がいたことから、彼らとは懇意にしていた。私もこのプロジェクトの進行を近くでハラハラしながら見守っていた周囲のオトナたちの一人だった。

当初、このプロジェクトの目標は、株式会社として山間地を舞台に有機農業を利益の出る事業として成立させ、メンバーが定住できる雇用を作り出すというところに設定された。おカネにならないコメ作りはやらず、メロンなど高付加価値の果物や野菜を育てる作戦だった。

その舞台として選ばれたのは豊田市旧旭町の敷島自治区だ。地元では最初、このプロジェクトの受け入れに難色を示す意見もあった。条件不利地と呼ばれる中山間地で「儲かる農業」などできるはずがない、というのがその主な理由だった。それはまあ誰が考えてもそうなのだ。

現在の日本での専業農家による農業の主力は、都市近郊の施設園芸だ。ビニールハウスで暖房を焚いて夏野菜を冬に育てるようなものが多い。旬の時期に栽培してもいい値がつかないので、専業でやるには旬を外して高値で売ることが必要だ。それでも専業農家の経営は大変だ。それなのに専業の農業を、都市から遠く気候も寒く日当たりの悪い山の中で、しかも有機農業で利益を出すというのはふつうに考えれば目算は立たないものだ。

当地の方言で言えば「トロイ（バカな）こと考えて」と、プロジェクトに反対する意見があったのだが、地域のリーダーの一人が「とにかくやらせてみようじゃないか、文句はやってみてから言おうじゃないか」と周囲を説得した。この一言が後々この地域の将来にとって重要な意味を持ってくる。

かくして2009年の秋からメンバーの10人が二つの空き家（一つは住職がいなくなったお寺、福蔵寺の庫裏《くり》だった）に住み込んでプロジェクトがスタートした。その数日後、地域の運動会があり、メンバーはこぞって参加した。そこで若者たちの姿を見て地元の人たちは強い印象を持った。「若いもんが走っとるぞ」と。草刈りやお祭りなど、地域の活動に積極的に参加するメンバーたちの姿を見て、地元の疑心暗鬼は歓迎する空気に変わっていき、親切に接してくれるようになった。

そのことにまたメンバーたちが感じ入った。プロジェクトに申し込んだ当時は失業者だった彼らは、「日本国」の大きな仕組みの中で少なからず傷ついていた。自分がいなくても誰かがすぐに代わりになる。そういう巨大組織の中での所在のなさ、自分の不確かさを共有していた。それがここに来ると、よく来てくれた、頑張れよと認められ、励まされる。何かと気にかけてもらえる。そのことに彼らの心は多かれ少なかれ救われたのだ。やがてメンバーにはこのご恩に応えなければ、そのためにはプロジェクトを何としても成功させなくては、という思いが芽生えてくる。

事業のための農地は耕作放棄されていた田んぼだ。最初の年の冬はそこから水を抜き畑にするための土木作業に明け暮れた。そしていよいよ次の年の春。はじめての野菜や果物の栽培に取り組んだ。ところが作物は思うように実らなかった。この年の夏は特別に暑く乾燥した気候だったということも、農業の経験のない初心者にはことさら不利に働いた。

とにかく街に売りに行くものがない。「地域の期待に応えなければ」という思いは次第に焦りに変わっていく。そうするとメンバーの間の関係もギスギスしてくる。コミュニケーションがうまく取れなくなり、チームワークができなくなった。そしてプロジェクトはあっという間に空中分解の危機を迎えた。

この危機に対処すべく、それまで常滑市にいたM－ｅａｓｙの代表取締役の戸田友介さんが現地に入ってきた。彼は結婚したての妻とともに旭地区へ移住し、プロジェクトの陣頭指揮をとり始めた。戸田さんは、地域からも行政の内部からも「それ見たことか」、「税金のムダ使いだ」というような批判の矢面に立たされることになった。それをかわしつつ、彼はメンバーの一人ひとりとじっくり何度も話し合った。チームワークはすぐには回復できそうにないことから、いったん活動を個人ベースにした。農地も個人に割り当て、その使い方は各自の自由。プロジェクトの農作業以外にもやりたいことがあればやってよいということにした。その上で、メンバー全員で食事をとる機会と、月1回の地元住民との交流会を継続して行うことにした。

その交流会のときに地元住民の一人が話した言葉が、その後のプロジェクトを動かした。それは「あんたたちがいてくれるだけでうれしい」という言葉だ。

プロジェクトのメンバーは、結果を出そうと努力し、またそう期待されながら、結局何もできなかった。何かができることが大事だと思っていた。しかし、地元の人はそうではなかった。何もできなくてもよい、ただいてくれるだけでありがたい、ととらえていたのだ。

戸田さんはここで深く考えた。これまではプロジェクトの目標達成のために、メンバーがどう動くか、どう貢献するかという観点でメンバーを見ていた。それはプロジェクトとして成果を出す、何かができる=to doということが大事だととらえていたからだ。しかし、地元住民から伝えられたのは、そこにいること=to beが大事だということだった。また、よくよく話を聞くと、とにかくこの地に住み続けたいという強い思いを持ったメンバーがいた。そこで戸田さんはプロジェクトの進め方を逆立ちさせた。つまり、メンバー一人ひとりが、この先この地でどう暮らしていくのかを考え実践することを目標に、そこからプロジェクトを考えなおすということだ。

それまではおカネにならないコメ作りはやらないことにしていた。しかし、この地で暮らしていくということは、代々田んぼを守り、コメを作って暮らすということではなかったか。また、自分たちには何もできないかもしれないが、自分たちがこの地を好きになったように、都市の人たちにこの地を好きになってもらうことはできるのではないか。そういう観点から、次の年の春には畑にしていた農地をまた田んぼに戻し、都市の人に来てもらっていっしょにコメ作りを行う事業を始めた。

そして、プロジェクトの年限が終了する。メンバーは入れ替わりながらも、7人がプロジェクト終了後も地域に残って定住した。戸田さんと妻、そしてこの地で生まれた子どもの3人を合わせると10人が新たに定住したともいえる。当初の計画はまったく実現できなかったのでプロジェクトの評価としては厳しいものがある一方で、究極の目的は若者の定住だったわけで、プロジェクトは立派に成功したともいえる。

「弱さ」がもつ求心力

この「結果オーライ」という評価にたどり着くまでの戸田さんへの風当たりは相当に厳しいものがあったと思う。彼は文字通り「地獄を見た」のだ。この経験を通して彼は自分の事業を進めるにあたって独特の発想をとるようになる。

まず、この地域に住み続けるということを第一に考えるということ。そうすると、地域の将来と自分の人生を重ねて考えるようになる。地域が立ち行かなくなれば、自分の人生も行き詰まってしまうということだ。そこでおカネになろうがなるまいが、地域のためになることであれば、頼まれるままにその役を引き受けた。彼は毎年「百姓リスト」を作って公開しているが、これは地域の仕事も自分の事業の仕事も、おカネになるものもならないものもひっくるめて、それを数えあげるとその数は100にのぼるというものだ。そうすると暮らしと仕事の境界が曖昧になっていく。彼は子どもを連れて昼間の仕事をすることがある。仕事の中で子どもとも遊ぶ。地域の中で仕事をしているからこそできることだ。彼はこの、暮らしと仕事が一体になったライフスタイルを「くらしごと」と表現している。

第二はそのような地域の結びつきの中から、収入になる仕事も生まれるということ。自分が何かをしたいということから発想するのではなく、地域から求められることの中に収入の糧があるということだ。そのようにして彼は、地域の新聞販売店を引き継ぐことになった。オーナーが高齢でもうやめたいという新聞販売店は、それがなくなると新聞が朝に届かなくなる。そうなれば地域の人たちはガックリして、住民の地域づくりにかける士気は大きくダメージを受ける。戸田さんは当初頼まれて引き継ぐ人を探していたのだが、うまく手を挙げる人がいないということで、覚悟を決めて自分が引き継ぐことにした。戸田新聞店の誕生だ。いまはこれが事業収入の柱となっている。

第三は、「弱さ」を事業展開の真ん中に置くということだ。彼らのプロジェクトは当初、田舎でビジネスを成立させ、自分たちが「強い」存在になることで地域を支えようとした。しかし、それは叶わなかった。逆に自分たちの「弱さ」を突きつけられることになった。その彼らを地元はあたたかく受け入れてくれた。地元は弱い存在を受け止めることで、逆に「あいつらを地域でなんとかしてやらねば」ということになって、地域の中に求心力が生まれたともいえる。戸田さんはその価値に気づいた。「弱さ」を隠さず、むしろ地域の中で共有することによって、地域づくりというものが成り立つということだ。

戸田さんはプロジェクト終了後も福蔵寺を拠点に、移住者が集まり、またこれから移住する人の入り口となる活動を展開する。移住者仲間に声をかけ混成合唱団「こだま」を結成。練習の日には、戸田さんが大人数の夕食を作る。メンバーは家族総出でやってきて、まずみんなで夕食を賑やかに食べる。一息したところで合唱の練習だ。大人たちが練習している間、子どもたちはお寺の中で大騒ぎをして遊んでいる。戸田さんはこのようにして、みんなでご飯を食べることをとても重視している。

お寺にはいろいろなつながりで若者たちがふらっとやってくる。ちょうど仕事を辞めたタイミングだったりすると、とりあえずお寺には部屋がたくさんあるので住むところがあるし、新聞店で新聞配達の仕事があるし、ということでそのまま居つく人もいる。しばらく暮らして別の場所に旅立っていく人もいれば、地域の人にも顔を憶えられ、本人もいいなと思って空き家を探して本格的に定住していくという姿もある。

戸田さんは、そこに現れた人、一人ひとりの特性やいま抱えている課題に合わせて、仕事や地域とのつながりの機会をいろいろと組み立てる。そうして移住してきたり、移住しないまでもこの地域と継続的に関係を持つ仲間（最近では関係人口と呼ばれる）を増やしていく。ここに仲間がいて暮らしを共有し安心して過ごせる。その中でそれぞれにきっかけがあって変わっていく。時には心を病んでやってくる人もいる。そういう人でも3年もそうして過ごしていれば回復していく。戸田さんはその変わっていく姿を見るのが楽しいと言う。

戸田さんは家計としては年収200万円を超えないようにというポリシーを持っていた。なぜ200万円かというと、それが気持ちよいと思ったそうだ。他の移住者の生活レベルと同じ状況を維持することで共感を生み、仲間づくりをスムースにするねらいがあるのだろう。200万円を超えた分は、場所づくりに投資した方が、ゆくゆく自分にとってのリターン、メリットが大きいと考えたという。一人では生きていけない。心を開いて、「弱さの情報公開」ができて、一緒に過ごせる仲間がいる。そういうところが居心地がよく、自分もそういう中にいたいと思ったとのことだ。

新聞店が軌道に乗ったところで、戸田さんは仲間とともに新しいプロジェクトに取り組み始めた。廃校となった小学校の校舎を借り受けて、仕事づくりの拠点を作った。拠点の名称は「つくラッセル」。校長室をＤＩＹで木だらけの内装を施したカフェに改造し、そこに何かと集まる仲間の雑談の中から、新しいプロジェクトが立ち上がっていく。地域の厄介者である竹を活用したメンマづくり。木工機械や3Ｄプリンタとレーザーカッターを備えた工房で木の小物づくり。運動場の倉庫を改造してガレージとし、小型電気自動車のリース事業。都市の人材派遣会社の仕事のアウトソーシングを受託。さらには空き家を活用した地域密着型デイサービス拠点「あんじゃない」。

どれもIターンで旭地区に入ってきたり、Uターンで戻ってきた若い人たちが、「とりあえず仕事が必要なんだけど」ということでつくラッセルにやってきて、なんだかんだと話しにきたり手伝い仕事をしているうちに、「これやりたい」、「これならできそう」ということで事業が立ち上がっていく。ここでもまずその人からスタートして、いろいろなプロジェクトや仕掛けが組み立てられる。そういうみんなでいっしょにいるというベースの上に、おカネを稼ぐ営みが乗っかるというのが、戸田さんの考え方だ。

このようにして「日本再発進！　若者よ田舎をめざそうプロジェクト」が開始されてから10年がたち、敷島自治区には多くの移住者がやってきて「移住ホットスポット」となった。その結果、子どもの数がV字回復している。保育園である杉本こども園は手狭になってしまった。敷島小学校は児童数が増え始めている。「若者プロジェクト」を受け入れるときには地元には心配する意見もあったのだが、結果として地域にとってかけがえのない取り組みとなった。

都市で生きていこうとすれば強くなくてはいけない。田舎もそうなってしまえば、ふつうの弱い人間が安心して暮らせる場所がなくなってしまう。戸田さんのやり方は、弱さを出しあうことで安心して過ごせる場を作り、そこから集まった一人ひとりに寄り添い、その人の得意なことと不得意なこと、好きなことと嫌いなことなど、それぞれの特性を把握し、彼らがその人らしさをいかしながら力を合わせてできることで、新しい仕事と暮らしを創り出そうというものだ。いま、全国の田舎のあちこちにこのような真にクリエイティブな場ができはじめている。それがいつか都市へも伝染するだろう。

弱さの情報公開

前にも書いたように、高度経済成長の時代に「良い学校に行って良い会社に入って終身雇用・年功序列」が望むべき人生だという物語が多くの人に共有された。そうすると人への評価の軸が一本だけ定まる。中学高校では試験の偏差値、入った大学の偏差値ランク、入った企業が大企業かどうか。この評価軸の上位にくる人は尊敬され、下位にくる人は軽んじられる。この軸にそもそも乗らないような障がいのある人は差別される。つまり人間の多様性を認めない社会となった。この軸の上の方に登っていくということは「強く」なることだといってもよい。「弱い」人間は価値が少ないというのがこの物語だ。

戸田さんの話に「弱さの情報公開」という言葉が出てきた。これはもともとは北海道浦河町にある浦河べてるの家の取り組みから生まれた言葉だ。べてるの家は1978年に、日本赤十字浦河病院の精神科を退院した統合失調症などの当事者（べてるでは患者といわずに当事者という）数人が集まって、住み込みながら仕事をはじめたのがスタートだ。以来、精神障害の当事者が続々と集まり、いくつかの拠点ができて、そこで暮らすとともにさまざまな仕事をしている。

べてるの家を運営する理念は以下のようにまとめられている。「三度の飯よりミーティング」、「安心してさぼれる職場づくり」、「自分でつけよう自分の病名」、「幻聴から幻聴さんへ」、「そのまんまがいいみたい」、「弱さを絆に」、「場の力を信じる」、「手を動かすより口を動かせ」、「それで順調」、「弱さの情報公開」、「利益のないところを大切に」、「偏見差別大歓迎」、「昇る人生から降りる人生」、「苦労を取り戻す」。どれも深い意味をもった言葉だが、まずメンバーにとって大事なのが自分の病気をどうとらえるかだった。統合失調症の典型的な症状に幻聴がある。「おまえはみんなから嫌われている」と囁かれ続けたり「おまえなんか死んでしまえ」と大声で罵られたりする。それをなくすために医者にかかって薬を飲むものの、簡単には消えず、絶望することになる。そのとらえ方を変えるのが「幻聴から幻聴さんへ」だ。幻聴を、これは「幻」であってなくすべきものと考えるのではなく、当事者にとってのリアルな存在であることを認めて、あえて「さん」づけで呼び、当事者本人とは別の人格が話しているととらえる。その上で、幻聴をなくそうとするのではなく、幻聴さんとの付き合い方を工夫することで、落ち着いた社会生活を送れるようにしようということだ。

さらに「自分で自分の病名をつけ」た上で、当事者研究を行う。当事者研究とは、当事者自身が自分の病気について研究するもので、自分の病名を単に統合失調症とか躁うつ病というのではなく、「慢性涙せん緩みっぱなし症候群自分いじめ型」とか「不安発作爆発攻撃型・統合失調症救急車多乗タイプ」など、自分の症状をよりリアルに表現するものにする。そしてたとえば自分の「幻聴さん」などの症状がどういうときに登場するのか、どういうプロセスで困った行動が出てしまうのか、ということを自分で研究していく。それによって困りごとが出現するパターンが理解されると、対処法が見つかってくる。それは自分を深く見つめる作業でもある。自分で病名をつけ、当事者研究を進めることは自分を再定義する営みなのである。

かといって当事者研究を進めれば病気が治るというわけではない。困った感情や行動が出てしまうのは「それで順調」。その上で「場の力を信じ」、「三度の飯よりミーティング」、「手を動かすより口を動かし」て、とにかく仲間と話す。それで問題が解決するわけではないのだが、「そのまんまがいいみたい」ととらえ、「安心してさぼれる職場」をつくり、「弱さを絆に」日々を過ごす。これがべてるの家流の暮らし方だ。

斉藤道雄『治りませんように』（2010年）はべてるの家の人々と長年お付き合いするなかで、当事者たちにたくさんのインタビューをし、著者なりの理解を深めてきたものが報告されている。この本を読むと、当事者たちの困った言動がなぜ起こるのか、その心のプロセスが丁寧に再現され、その解説によって、私たちは、彼らの言動を意外にも了解することができる。

そのうえで、統合失調症の本質は何かを考えると、この本を読む限り、それは執拗な自己否定ではないかと考えられる。べてるの家の人々は、困った言動はつねに現れるわけではない。普段は何ごともなく、おだやかに過ごしている。それがあるきっかけで、頭の中に「お客さん」がやってくる。べてるの家で「お客さん」と名付けられたのは、頭の中に浮かぶネガティブな思考全般のことであり、イライラや憤りをはじめとして「おまえなんか死んでしまえ」といった幻聴まで、あらゆるマイナスな感情や力だ。症状が現れる直前のひとつの典型的なパターンとして、「お客さん」が大挙してやってくるということがある。当事者たちは「お客さん」の声にあやつられるままに爆発したり、周囲の人を攻撃したり、自傷行為に及んだりするという。

「お客さん」の大きな特徴は、あくなき「自己」否定だ。「死ね」、「バカ」、「おまえはみんなに嫌われている」というような「幻聴さん」がやってきて頭の中でわめきちらしたり、囁き続けたりするわけで、想像するだけでたまらない。当事者たちはこのような苦労を生きているのである。

ここで私が思うのは、自己否定を強いられているのは、統合失調症の当事者だけではないということだ。あくなき自己否定は、私たちがみな幼いころから強いられている日常ではないか。つまり、「もっとがんばりなさい」、「もっと努力しなさい」、「目標を達成しなさい」と言われて、がんばっている姿だ。いまの自分を「まだまだだめだ」と否定して、もっとがんばれる未来の自分、もっと能力のある未来の自分、もっと「強い」未来の自分になろうとすることだ。これが子ども時代だけでなく、死ぬまで一生続くのが私たちの社会の特徴だといえる。

しかも、がんばっても目標が達成できなかったり、「がんばらなきゃ」と思ってもがんばれなかったりするときに、私たちは自己嫌悪の感情を強く持つ。ますます自己否定が深まり、そのせいでますます能力が発揮できなくなる。マイナスのスパイラルだ。多くの人はそれをほどほどのところでごまかしたり、他のことで気を紛らわしたりして抜け出せるのに対して、ほどほどに、適当に、ということができず、とことん自己否定をきわめてしまう場合に、病気と呼ばれるのではないだろうか。しかしそれは程度の差であって、自己否定の「病」に直面しているという意味では、私たちはみなそれぞれに当事者なのではないかと思う。斉藤道雄『治りませんように』は、当事者の一人の次のような言葉を記録している。

自分は幽霊みたいな感じで。……人、いっぱいいますよね、東京って。……もしかしたらこれはほんとの人じゃなくて、あたしが作りだしている人たちかもしれないって感覚になって。人といっしょにいる感覚がなくって、ずーっとひとりぼっちの感覚でいたんで。

自分で自分の存在を否定する幽霊みたいな存在なのが、私たちの日常の姿なのかもしれない。そして、あたりまえだが、幽霊どうしでは人間らしいコミュニケーションの喜びを味わえないわけだ。

ではどうすればよいのか。そこで大切になってくるのが「弱さの情報公開」だ。自分はこんなにダメダメだということを、思い切って周りの人に話してみる、発信してみるということだ。これは勇気のいることだ。私たちは保育園・幼稚園の子どもの頃から、いかに上手にできたか、成果を出したか、自分が有能かをアピールすることを学んできた。最近では小学校でもパワーポイントを使って自分が達成した成果をプレゼンテーションすることを学ぶわけだ。そうではなく、自分ができなかったこと、苦しかったこと、能力がないことを発信するやり方は、私たちがこれまでまったく学んでこなかったものだ。

でも勇気を出して発信してみると、意外な反応が起きることがある。つまり、「そうなんだ、自分もそういうところがあるよ」とか「たいへんだったね」という共感や「よく話してくれたね」、「そのままでいいよ」、「そういうあなたが好き」という受容、さらには「何かできることはない？」、「いっしょにやろうよ」という援助の言葉だ。

周囲の人は、「弱さの情報公開」をされると、まずはその人のことが心配になる。そして皆で協力してその人を助けようという気持ちが生まれる。その人の周りに人々を結びつける求心力が生まれるわけだ。さらにそのようにして心配され支援された人は、別の機会には心配し支援する側に回る。これが「弱さを絆に」ということが発生するメカニズムだ。一方、「強さの情報公開」ではそうはいかない。「あ、じゃあ自分でできるね」と放っておかれるか、悪くすると、うらやむ気持ちや妬みまで生まれることもあり、人々をつなげる力にはなりにくい。

もちろん、どんな場でも「弱さの情報公開」ができるわけではない。不用意にやってしまうと、攻撃されたり不利な状況に陥れられたりすることも多くある。それがむしろふつうだ。だからこそ、安心して「弱さの情報公開」ができる場を作ることが大切になる。いまは社会の中のごく一部でしか実現しておらず、その一つが浦河べてるの家というわけだ。べてるの家を視察したり見学した人は、こことふつうとされている社会と、どちらがまともなのか、だんだん頭が混乱してくる。病気でない人であっても、安心して「弱さの情報公開」ができ、「三度の飯よりミーティング」で心からのコミュニケーションができ、「安心してさぼれる職場」が必要なのではないか。そういう思いに駆られた人は、何度もべてるの家に通うことになり、「べてる菌感染症」と呼ばれ、当事者研究の対象となる。このエピソードは、自己否定の病は程度の差こそあれ、私たちの社会の中で誰もが抱えている病であることを示しているものだと思う。この病気は非常に根強く、効く薬もワクチンもない。「弱さの情報公開」が最も有効な治療法といえるだろう。

「弱さの情報公開」を続けていくと「強くあらねばならない」という人間を評価する軸が揺らぐ。「弱い」ほうが幸せかもしれないとすれば、そもそも評価するということ自体に意味がなくなる。「弱さ」の物語が人々に共有されてはじめて、人間の多様性が受け入れられる社会になるのだと思う。べてるの家の物語は持続可能な社会をめざす私たちに、大切なレッスンを提供してくれる。

第9章

自然《じねん》の哲学

——物語を書き換える

科学の物語——もう一つの信仰

私たちの社会「日本国」がまがりなりにもそれなりに運営されているのは、私たちに共有されている物語があるからだ。その主なものはおカネの物語だった。もう一つ、車の両輪のようになっているのが科学という物語だ。かつての「村」では、氏神様への信仰が人々を結びつける物語だった。明治に入って誰もが小学校に行くようになってから、学校で科学という物語を教え込まれた。さまざまな伝統的な信仰は迷信として片付けられていった。昭和の戦争は、信仰や精神的な力が科学技術に勝てないということを人々の心に強烈に印象付けた。戦後の経済成長の時代に、工場では製品の開発にだけでなく生産管理に科学的な手法が導入され、科学は身近なものになった。学校では受験勉強の科目としてアタマから注入された。その結果、科学的ということは正しく良いことで、非科学的というのは間違っていて悪いことだというふうに、人々の価値観の土台に科学が陣取ることになった。

言葉を変えれば科学が「信仰」されるようになったといってもよい。信仰というのは何か神秘的なものである。俗人には理解できないため、神がかりの巫女や神官、僧侶が神様仏様と一般人とをつなぐ通訳になる。科学も同じだ。一般の人にとって科学の内容はまったく理解ができない。一つひとつの知見は私たちが直接発見したものでもなければ、それを確認するような実験や観測をしたわけでもない。教科書に書かれていることをただ信用しているだけだ。それは「信仰」しているといってもよい。マスメディアが時々「科学の分野でたいへんな発見があった」と報道すると、私たちは「それはすごい」と内容を理解することなく誉めたたえる。科学者は「神官」で科学ジャーナリズムは「科学教」の布教部隊だ。

私も科学者のはしくれなので当事者として語ることができるのだが、科学というのは、自然の仕組みや不思議を、誰でも理解できるようになるための方法の体系だ。どんなに難しい内容も、基礎から一歩ずつ勉強すれば必ず理解できるようになる。氏神信仰ではこうはいかない。特別な眼力のある一部の人にしか神様の意思は理解できない。それに対して科学というのは世界の認識の「民主化」の営みであるといってよい。

ところが science の日本語訳が絶妙だったように、20世紀以降の科学は「分科の学」としてどんどん分野が細分化し、その中で先鋭化するよう運命付けられている。その結果、科学者であっても少し専門分野が違えば、まずまったく議論についていけない状況になった。私も毎年華々しく発表されるノーベル賞の受賞内容は、報道に接してもおぼろげにしか理解できない。もちろんその分野の教科書を何冊か読み、論文を数十編読めば何となく理解できるようになる。これが知識の民主化としての科学の特質だ。しかし、そのような基礎学習を無数にある専門分野についてやることはできない。結果として科学は一般の人々にとって（科学者自身にとっても）神秘的なものとなった。

　専門分野が先鋭化した先で、科学の内容自体がかなり神秘的になっている。物質は粒子であり同時に波動であるとか、宇宙は11次元であるとか、とても常識的な感覚では理解できない。だんだん本当の信仰の神秘性に近づいてきているようだ。

　一方、科学でアプローチできることは、この世界の不思議の中でのごく限られた領域だ。「民主化」された方法論の限界だ。私の感覚では、この世界のほとんどのことは科学ではわからない。そのごくごく一部に光を当てているにすぎない。

　今回の新型コロナウイルス感染症の拡大で、感染した人のほとんどは、有効な投薬なしに回復している。重症者の治療といっても、人工呼吸器で呼吸を助けているだけで治療的なことをやっているわけではない。呼吸を助けているうちに、体自身が持つ回復力によって病気が治るということだ。不思議なことだ。

　また感染しても無症状の人がたくさんいることがわかっている。これは体の抵抗力によってウイルスが体内にあっても発症しないということだ。これらの「力」が新型コロナウイルス感染症に対してもっとも有効であることが日々立証されている。しかし専門家からも政府からも出てくるメッセージは、手洗い・ソーシャルディスタンスの確保・外出自粛などウイルスが物理的に体内に入らないようにすることに終始している。体の抵抗力を高めましょう、それを維持しましょうというのが、もっとも有効な対策であると思われるのだが。

この抵抗力とか回復力は自然治癒力とか免疫力といわれたりするが、これらはすべて医学用語ではない。これらの「力」を測定するすべが科学にないからだ。したがって、それを高める方法についても科学は何も語れない。それに対してウイルスがどこにいるかはPCR検査で把握できる。ということで、科学でとらえることのできない免疫力の効果は、あたかもないものとされている。この世界には科学では見ることのできない大きな領域があるのだが、困ったことに、科学でとらえられないことは「なかったこと」にするというルールが私たちの社会の中にある。これぞ私たちが科学を「信仰」している証だ。

そうはいっても、私たちは氏神様の存在をリアルに感じることはできないし、記紀の国造り神話を事実として受け入れることはできない。宇宙はビックバンで始まって46億年前に太陽系と地球が誕生し、そこに生命が誕生して進化し、日本列島はプレート運動によって形成されたという科学の知見を受け入れて生きている。それが「信仰」だとしても、その「信仰」にそって、いまは私たちなりの世界観を形づくる必要があるのだと思う。

「いのち」の物語――生態系×進化の織物

私たちが生きているのは、3つのレイヤー、上から「日本国」（国家社会）、「村」（地域コミュニティ)、「生国」にまたがっている。私たちが当面する課題は「日本国」の中だけで生きる暮らしから抜け出て、「村」を経由して「生国」に還るということだ。

「生国」は生き物の世界だ。その構成員は、種の数哺乳類は約6000、鳥類は約9000、昆虫は約95万、維管束植物は約27万種、微生物に至ってはどれほどの種がいるか不明だ。とにかく多種多様な生き物が地球上のそれぞれの場所にいて、互いに食物連鎖や分解など関係を持ちながらそれぞれの暮らしを営んでいる。人間もまたその一員だ。しかも食物連鎖の頂点に立って、他の生物を犠牲にして生きる存在だ。

人間が生き物の世界の一員であるというのは、食物連鎖の上だけではない。人間は農耕牧畜を発明して、穀物、野菜、家畜などを数千年の長きにわたって品種改良してきた。いまふつうに食べているコメやトマトやトウモロコシなどは野生種とは似ても似つかぬものになっている。実が大きく味が良いものに改良された。ヤギやヒツジやウシなどは野生種がどのようなものかわからなくなり、ほとんどすべてが家畜になった。これらの農作物種や家畜種は人間がいなければこの地球には生まれず、また維持もされなかった。でもこれを逆の立場から考えると、これらの種は地球上で大繁栄しており、人間はこれらの種にとってみれば、自分たちを育て進化させ、次の世代に伝えてくれる都合の良い下僕といえる。

地球に生命が誕生したのはいまから40億年前くらいだと考えられているが、そのプロセスは未だによくわかっていない。最も古い微生物の化石が残っているのが38億年前。それ以来、さまざまな化石が地層に保存されており、生物の進化の足跡をたどることができる。

生物進化というのは古い種が絶滅し、新しい種が登場する歴史のことだ。種というのは形や生育の仕方が似通った個体の集団で、多細胞生物でオスとメスがいて生殖する生き物では、互いに生殖が可能な集団として認識することができる。子は親から生まれ、また子を産む。そうやって世代を継いでいく。ほとんどは同じように引き継がれるが、遺伝子のレベルでみれば少しずつ変化していく。細胞分裂のさいに遺伝子のコピーミスがあったとか、ウイルスに感染してその遺伝子が組み込まれたとかだ。それが生きていくうえで特に支障にならなければ代々引き継がれていく。そのうちに気候変動とか新たな捕食者が登場したとか、さまざまな環境要因の変化によって、ある特徴を持った個体が生き延び、そうでないものは死んで子孫を残せないとなると、特定の特徴を持った集団になる。そういう変化が続いた先に新たな種の登場がある。そうやって、現在の地球のような多種多様な生き物が生まれた。もちろんこれまでに絶滅した種も無数にある。人間を含めていまの地球に生きている種は、数々の環境変動を生きのびたものの末裔だ。

ここで個体と進化との関係を考察してみる。ある生物種のある個体、たとえばコガネムシ科カブトムシ属カブトムシ種の一匹のカブトムシがいるとしよう。このカブトムシはある時点で生まれ、腐食土や樹液を食べ生きながらえ、ある時点で死ぬ。目に見える生き物の実体としてはこの生きている個体しかない。進化によってカブトムシという種が生まれたということは、カブトムシの個体にとってはうかがい知れないことだ。生物の進化というのは人間が考え出した抽象的な概念だ。目でも見えないし手で触ることはできない。またカブトムシ君は生態系も認識できないだろう。彼が認識できるのは、日々行き会うそれぞれの生物の個体である。生態系も人間が考え出した抽象的な概念だ。

それぞれの個体は、生態系という横糸と、進化という縦糸の織りなす、壮大な織物の一つの結び目ととらえることができる。しかし生態系も進化も抽象的なもので、実体としてはあくまで多数の個体がいまこの瞬間を生きているということしかない。しかし、生物の進化がなければ、そのカブトムシ君は地球上に生まれることはなかった。生態系がなければ日々食物を得て生きていくことはできない。

つまり日々を生きている生き物の生命の底流には、目に見えず手で触ることもできない、でも確かに存在する何かがあって、それに個体は支えられてこの地球に生まれ、いまを生きている。この何かが生態系×進化の織物であり、これをここでは「いのち」と呼ぶことにしよう。「いのち」は人間が考え出した物語である。でも抽象的な「いのち」が、実体のある個体の生命をもたらし支えている。つまり「生国」は、実体としての個体の集まりとしての生き物の世界と、その奥にある「いのち」の世界との二重構造になっている。

これが科学的な世界観に基づく「生国」のとらえ方だ。しかし同じような事柄が、科学が登場する前にもさまざまに語られて信じられていた。たとえば魂だ。魂は個体としての人間に宿り、その人間が死んだ後も消えずに続くと信じられていた。それはまた新たな人間に宿ってこの世にかえってくる。これは「いのち」の構図と同じだ。個体は死んでも「いのち」は続く。「いのち」が続くから個体が生まれる。一方で、抽象的な「いのち」はそれ自体では存在できない。実体のある個体がいるから「いのち」は続く。生きた肉体が魂を載せる船であると信じられたように、個体は「いのち」を載せる船だ。

別の例でいうと、仏教（大乗仏教の般若経）には「色即是空・空即是色」という世界観がある。「色即是空」の「色」は人間の体のこと。問題は「空」をどう解釈するかで、「実体のないもの」と解釈されることが多い。でも「実体がない」だけでは説明になっておらず、私は「空」を「いのち」と解釈したい。「いのち」は確かに実体がない。でもそれが実体のある人間の体をもたらし支えている。「空即是色」は、個体がいて初めて「いのち」が成立すること、つまり個体は「いのち」を載せる船であることを意味していると解釈できる。科学の言葉がなかった時代には、それぞれの時代や地域の世界観に合わせて別の言葉で語っていたわけであるが、結局、同じことを言っているのではないかと思う。

とはいえ「いのち」はどこまでいっても物語でしかない。「生国」に還るとは、「いのち」の物語を自分の心の中に受け入れ受け止めるということだ。「日本国」を支えている物語は「おカネ」の物語だった。これを「いのち」の物語で書き換えること。これがいま、私たちがやらなければならないことだと思う。

せめぎあい――メガソーラーによる環境破壊に思うこと

「日本国」を成り立たせている「おカネ」の物語と「生国」の「いのち」の物語がぶつかり合いせめぎあっているのが、他ならぬ現在の日本の田舎だ。戦後、日本の里山が開発によって大規模に失われた時期が3つある。1つは60年代から70年代。ダム建設と工業団地や郊外住宅団地を作るために広大な森林が破壊された。2つめは80年代のバブル経済期。全国いたるところでゴルフ場開発がさかんに行われた。そして3つめはいま。バブル崩壊後、大規模に森林を破壊する開発はしばらくなかったのだが、2012年以降メガソーラー発電所の開発が全国で目白押しだ。数10ヘクタールという広大な森林が伐採されブルドーザーで造成されて見渡す限りのソーラーパネルが並ぶ。なかには200ヘクタールなどという規模の計画もある。

なぜこのようなことが起きるのか。

東日本大震災の津波で被害を受けた福島第一原子力発電所の事故の翌年、再生可能エネルギー電気の固定価格買取制度がスタートする。発電事業者は高い売電単価で20年の買取を約束され、投資をすればまず間違いなく相当な利益を得られる仕組みだ。たくさんの投資会社が設立され、まずはてっとり早く立ち上げることのできる太陽光発電所が全国に無数にできた。最初は平地の空き地の活用と生産性の悪い農地の転換から始まったが、そのような都合の良い土地はすぐに枯渇した。そこで数年前から、一つは優良農地でのソーラーシェアリング（ソーラーパネルの下で農作をする）に、もう一方は山に向かった。

固定価格買取制度はヨーロッパの制度を輸入したものだ。しかしヨーロッパでは森林を伐採して太陽光発電所が作られることはない。というのはヨーロッパでは土地利用の計画がしっかりしており、土地は一定の用途に限られた地域に地図上で色分けされており（これをゾーニングという）、土地の所有者であっても勝手に土地利用を変更することは許されない。そのようにして農地と森林は固く守られている。森林はフォレスター（森林官）が作った利用・管理計画により管理されており、あくまで森林を良い生態系として維持し、その上で林業として収益もあげるという仕組みになっている。計画を変更するとしたら、森林を伐採する倍の面積の森林を新たに創出しなければならないというルールの地域もある。要は、森林を守る法的な制度と、それに基づく実質的な仕組みがあった上での再生可能エネルギー固定価格買取制度なのだ。

日本では森林を守る法律は森林法だが、これは開発行為に対してほぼ無力だ。ダムも工業団地も住宅団地もゴルフ場も、森林法にのっとって手続きが行われ、開発が許可されてきた。日本では自分の土地なら何をしてもよいのが原則だ。そこに固定価格買取制度だけが輸入されたらどうなるか。ゴルフ場は許可されたのに、メガソーラー発電所が許可されない理由はない。経済産業省が売電の認可をし、都道府県は森林の開発許可を出す。そうするといくら市町村が条例でブロックしようとしても、「事業が遅れて損害を受けた」と事業者からすごまれると、市町村は縮みあがる。市町村の条例で時間かせぎはできるが、事業を止めることは非常に難しい。

ここで誰もが疑問に思うことがある。そもそも太陽光発電は地球温暖化対策として、二酸化炭素排出削減のためにやるのではないのか。木を伐ってしまえば、その木に蓄積されていた炭素はゆくゆくは大気に放出されるのではないか。実際、国際的な枠組みでは土地利用を変えるために森林の木を伐った時点で、その国の二酸化炭素の排出量にカウントされる。森林を破壊して建設される太陽光発電所は温暖化対策の大義名分は立たない。では何のためにやるのか。

固定価格買取制度を定めた「電気事業者による再生可能エネルギー電気の調達に関する特別措置法」を読むと、この法律の目的については「電気についてエネルギー源としての再生可能エネルギー源の利用を促進し、もって我が国の国際競争力の強化及び我が国産業の振興、地域の活性化その他国民経済の健全な発展に寄与することを目的とする」とある。つまり、環境への配慮や対策はこの制度の目的ではなく、経済を活性化させるのが目的だ。つまりおカネの物語なのだ。日本はもう20年もGDPはめだって増加していない。そこで、法律の力で新たなルールを作り、新しい産業を興して経済成長を促すということが最大にして唯一の動機だ。

新しいルールとは、これまでは10大電力会社しかできなかった発電事業を誰でもできるように自由化し、また誰でも参入できる太陽光発電を導入させるために、障壁となっている高いコストを消費者に広く薄く負担させることで、事業者に利益を生み出すというものだ。毎月の電気料金の領収書を見ると、「再エネ賦課金」という欄がある。これがその負担分で、最近では電気料金全体の1割程度になっている。私たちが高い電気料金を払い、その分で森林を破壊した発電事業者が利益を得る。なんともやりきれないが、実はこれは国（経済産業省）がねらった通りのことが実現しているのだ。

私が長く環境審議会の委員をやっていたA市でも山の上に80ヘクタールのメガソーラー発電所ができた。私は環境基本計画策定に当たって、市内の自然環境をどう守るか、審議会委員の皆さんと熱心に議論していたところだった。メガソーラー建設計画にあたり、生態系の調査はやってあるということだったので、その報告書を見せてもらった。事業者が県の開発許可をとるために作ったもので、予定地に生息している動植物が網羅されていた。電話帳ほども厚さのある報告書には、草本、木本、菌類、昆虫、軟体動物、魚類、爬虫類、両生類、鳥類、哺乳類ごとに、生息する種がリストされていた。さらに、レッドデータブックに掲載されている種についても章を立てて記載してあった。現地はほとんどコナラ、アベマキを中心とする二次林、つまり雑木林だった。報告書によればギフチョウが生息する森で、その自然の豊かさ、生物多様性の高さが示されていた。

そして、開発によってそのすべてが失われた。相当な予算と時間をかけて作った調査報告書だと思うが、「お弔いリスト」を作ったにすぎない。私は皆で熱心に議論して作った環境基本計画が、このような開発案件を止めることにまったく力がなかったことを思い知り、いのちとすみかを失われた生き物たちに申し訳ない気持ちで、環境審議会委員を辞任した。

さらにまた悲しいことに、私が移住し暮らしている岐阜県恵那市飯地町で19ヘクタールの山林を伐採・造成するメガソーラー発電所の開発が進んでいる。飯地町は木曽川の河畔から急な坂道を登ったところにある高原の村で、四季折々の素晴らしい景色が広がり、昨今のキャンプブームで町内にあるキャンプ場は冬でも多くのキャンプ客で賑わっている。もちろん過疎が進んでいるが、ここ数年は移住者がやってくるようになり、子どもの数の減少がなんとか止まった状況だ。自治区協議会を中心に住民自治が熱心に行われている。メガソーラー発電所の開発が進んでいる地区には家屋敷の周りを美しく整えた家が多くあり、春になると桜や桃が咲きみだれ本当に美しい風景だ。そのすぐ近くまでソーラーパネルが並ぶことになる。見渡す限りソーラーパネルが並ぶ風景は絶望的な気持ちになるようなものだ。

その背景には、山をおカネを儲ける手段としてしか見ない価値観がある。戦後の拡大造林では、それまで草を刈って堆肥とし、木を伐って炭を焼いた山にスギやヒノキの針葉樹を植林した。戦後の木材不足で木材価格は高く、針葉樹を植林すれば相当なおカネになると計算しながら、こぞって苗木を植えていったのだ。それが現在では木材価格が低迷して「おカネにならない」ということで山に興味も関心もなくなり、「お荷物」としてとらえられるようになった。固定価格買取制度のもとでは林業よりも太陽光発電の方が利益が上がるのも間違いない。おカネを稼ぐために植林したのであれば、それよりも儲かるネタがあればそちらに移行するのは自然な流れだ。

　ここで地域住民に問われているのは、これからの町を「おカネ」の物語に沿って運営していくのか、「いのち」の物語に沿ってやっていくのか、ということだ。いまがその分岐点だ。戦後はずっと「おカネ」の物語に沿ってやってきた。確かに立派な道路ができ、農地は区画整理され、公共施設も整った。その一方、森は人工林だらけになった上に管理放棄され、山から山菜やキノコが消え、川から魚の姿が消えた。どれほど村におカネをつぎ込んでも、子どもたちが都会に出ていく流れは止められなかった。このままいけば立派な道路の先に誰も住まない廃墟となった消滅集落が連なることになる。

　いま、「おカネ」の物語から遠ざかり「いのち」の物語に近づこうと都会から移住者が来るようになった。慣れない手つきで地元の人に教わりながら借りた畑で農作をする姿がある。自分で育てた野菜をいただいて自分の生命をつなぐ、ささやかな「いのち」の物語をつむぐことで、自分の心の中心にある「おカネ」の物語を書き換えようとしているのだ。村にとってどちらの道に将来性があるのか、もう明らかなのではないだろうか。

じねんに生き、じねんに死ぬ

自然を「しぜん」と読むのは明治になってnatureの訳語として当てられてからだ。それまではじねんと読み、自ずから然るべきようになるという意味だった。人間に対立する概念としての自然《しぜん》ではなく、人間社会も自然《しぜん》も含めたこの宇宙全体が自然《じねん》だ。

生き物たちは自然《じねん》だ。個々の生き物は自ずから然るべきように生まれ、食べ・食べられ、生き残ったものは子孫を残し、死んでいく。あらゆる生き物が自ずから然るべきように関連して一つの世界を作っている。これが生態系だ。人間も里山の中で、その一員として暮らしていたときには、この自然《じねん》の世界にいた。氏神様は自然《じねん》の象徴だ。良いことがあっても悪いことがあっても、それは自ずから然るべきようになっていることで、それを受け入れ、神様に感謝し、またさわらぬようにして生きてきた。それが「いのち」の物語だった。

私は、２００７年、45歳のときに、胃の内視鏡検査をして胃にガンがあると診断された。ところが、その１か月後に行った検査ではそれが消えていたという不思議な経験をした。ガンと診断されると誰しも困惑し不安になるものだ。そしてガンについて勉強し始める。私もいろいろな本を読んだり医師に話を聞いたりして勉強した。その結果以下のようなことがわかった。

まずガン細胞は自分の細胞だということだ。これが感染症では体の外から別の生き物やウイルスが入ってきて病気になるのとは違う点だ。細胞分裂が起こるときに遺伝子の複製がうまくいかず、あるべき形態や機能を持たず、さらにそのまま細胞分裂で増殖するものがガン細胞だ。細胞分裂の際の遺伝子複製のミスは避けることができない。ある確率で必ずおきる。そこで人間の体にはガン細胞を増殖させない仕組みが備わっている。一つはガン細胞自身の細胞自死のメカニズム。もう一つは免疫の力でガン細胞を殺すメカニズムだ。それらをかいくぐったものが増殖してガンという病気になるということだ。

ということは、ガンというのは人間のような多細胞生物が宿命的に抱える病気ということになる。私たちの体は37兆あまりの細胞が連携して有機的に働いて生きている。一つひとつの細胞が持っている遺伝子は同じものであるにもかかわらず、胃壁は胃壁のように、皮膚は皮膚のように、細胞分裂して個々の器官にふさわしい形と機能を発揮する。新しく生まれる細胞は「周囲の空気を読んで」自らの形を決めている。これはとても不思議な現象で、小さな細胞が分裂しようというときにどうやって「周囲の空気を読む」のか、そのメカニズムはまだ完全に解明されているとはいえない。多細胞生物の謎だ。一方、ガン細胞は「周囲の空気を読めない」細胞といえる。それができてしまうのは多細胞生物の宿命だ。また、その発生確率は時間とともに増大する。つまり、長く生きていればいるほど、ガン細胞ができやすい。ということは、ガンという病気は、人間のような多細胞生物の老化現象の一つと見ることができる。

こうして私は自分の体が一番身近な自然《しぜん》であることに気づいた。私は多細胞生物の謎を日々生きていたのだ。自分がガンになってみて、私の体も自ずから然るべきように「いのち」の物語を生きているという、「色即是空」の理解を実感を持って得ることができた。

自然《じねん》に生きることができたとしたら、死ぬときも自然《じねん》に死にたいものだ。それはどういう死に方だろう。動物はたいていい静かに苦しまずに死んでいく。まさに息をひきとるという感じだ。人間にも老衰という死に方があり、これが理想の死に方であるには間違いない。戦前には日本人は感染症で多く死んでおり、また老衰という死因も多かった。それが戦後に様変わりし、いまではガン、心筋梗塞、脳卒中が3大死因である。老衰の割合が減ったのは、いまは体調が悪くなればいろいろ検査し診断され病名がついてしまうからだと思われる。戦前に老衰とされた死の多くは、実は胃ガンだったのではないかという説がある。胃ガンは特に治療しなければ、ものが食べられなくなり枯れるように死んでいく。それが老衰ととらえられたのだろう。ということで、私はできれば胃ガンで死にたいと思っている。それで胃のガンが消えて以来、ガンの検診はやっていない。これからもやらないつもりだ。再び胃ガンと診断されて手術でガンをとったりすれば、もっと難しい苦しいガンになる可能性がある。それはごめんこうむりたい。

「日本国」の物語の中では、私の人生は生まれたときに始まり死で終わる。以上。しかし「いのち」の物語の中では、私の人生は「いのち」を載せる船だ。私は「いのち」を数十年引き受けそして次の世代に無事引き渡したということになる。私は死ぬが「いのち」は死なない。色即是空、つまり〈私〉は「いのち」だとすれば、〈私〉は死なないともいえる。私の魂が氏神に一体化すると表現してもよい。これが自然《じねん》に生き、自然《じねん》に死ぬ「いのち」の物語だ。

木の声を聞く――「いのち」の物語へのレッスン

私は「木の声を聞く」というワークショップをやっている。森の中で各自居心地のよい場所を見つけて、15分間じっと木の声が聞こえないかどうか耳を澄ます、という単純なものだ。

木や草や動物の声を聞けるという人は、古今東西を問わず枚挙にいとまがない。先日もテレビで、農場の馬や犬の話を聞けるというオーストラリアの女性が紹介されていた。日本の農家のあるおじいさんが、自分が育てている野菜がこのごろ「水がほしい、肥料がほしい」などと甘えたことを言って困る、と話しているのもテレビで見た。ガワイロ（カッパ）の声を聞いたというのは、ダムで水没した徳山村の元村民平方浩介氏だ（平方浩介『日本一のムダ――トクヤマダムのものがたり』２００６年）。氏は川の淵で釣りをしていて、どんどん魚がかかるので調子に乗って釣っていたら、目の前の水がザバーと立ち上がって「おおい、まあ、ええかげんにせいやあ」と大声でしかられたという。氏はびっくりして命からがら逃げ帰ったところ、旧徳山村には同じような経験をした人が他にも4人いるという。この話を読んで思い出したのは、宮澤賢治の『なめとこやまのくま』（1934年）だ。猟師が山で熊の親子の会話を立ち聞きしたり、撃とうとする熊と対話したりする。これは美しい童話だが、賢治の作り話というよりは、岩手の山中に現実のモデルがあったにちがいない。

これらをどう理解したらよいだろうか。二つの解釈がありえる。一つは「日本国」流の解釈である。すなわち、聞いたという本人の心の中の声だった、動物や植物が何かを発信したのを受け止めたのではなく、その人が勝手に聞いたと感じた、ということだ。その証拠に、聞いたという言葉はことごとくその人の母国語だ。動植物がそう都合よくその国の言葉を話すものだろうか。本当に聞いたというよりは周囲の状況がつくりだす心の中の動きによって「聞いた気がした」というべきではないか……。

もう一つは、実際に動植物が何かを発信し、それをその人が受け止めた、という「生国」流の解釈だ。受け止めるときに、その人がわかる言語にその人の心の中で翻訳はされているが、あくまで何かが発信され、そして確かに受け取られたと考える。

実はどちらの解釈も理解できる。この二つは世界観が異なっており、どちらが「正しいか」はいくら議論しても決着しない。選択の問題だ。私たちは科学的な世界観をどっぷり伝授されて育ってきたので、「生国」流の解釈は受け入れがたく思える。しかしながら、歴史をさかのぼれば、社会の大多数の人が「日本国」流の解釈で日々を暮らすようになったのはほんの数十年のことだ。徳山村がまだ存続していれば、いまだに村人たちは「生国」流の解釈をごくふつうにしていただろう。この列島に人間が住むようになっておそらく何万年という歴史があるが、その99％以上の時代では人々は「生国」の世界観で生きていたのだ。歴史の全体をながめればむしろ「日本国」流の解釈をとる人間の方が少数派で異端なのである。

それはなぜかといえば、そういう声を聞く能力があることが、生活を成り立たせる上でとても有意義だったからだ。「何度くりかえしてもたりませんが、私たちトクヤマの者たちは皆、そのものたち（トクヤマの生き物たち）の生きている姿に目を楽しませてもらったり、鳴き声になぐさめてもらったり、体を食べさせてもらって、こころや体を育ててきたのです。それこそもう、空気と同じように、あるいは、友だちやきょうだいと同じようにそのものたちと心も体もぴったり合わせるようにして、いっしょにくらしてきたのでした」（『日本一のムダ』）というのは、失って初めて気がつくほどに日常的な感覚であったのだろう。

よく考えてみれば私たちも同様な経験をしている。愛するペットが何を言っているか飼い主はわかる。飼い主の言葉をペットは理解する。赤ちゃんは言葉がしゃべれないけれども、親であればその泣き声や表情や身体の動きから何が言いたいかわかるものだ。外国に行って言葉が通じなくても人々と仲良くなれる。ようは「心も体もぴったり合わせるようにして、いっしょにくらし」ていれば、何とでも会話ができるはずだ。

そして、トクヤマの人々が遅ればせながら経験したように、私たちは木や草や野生の動物たちと、「心も体もぴったり合わせるようにするくらし」を失ってしまっているというわけだ。その原因でもあり結果でもあることとして、ダム建設やメガソーラー発電所の建設で平気で森林を破壊する。私たちはそこでいのちが失われていることに痛みを感じられなくなっている。これはそれまで人々がもっていた感覚や能力を喪失してしまったということだ。

自然《じねん》に生きるということは、少なくとも再び木や草や動物たちと「心も体もぴったり合わせるようにするくらし」をすることだろう。そういう暮らしを創り出そうとすれば、「木の声を聞く」ことができるようトレーニングをすることは有意義なことではないだろうか。

ある人が何を言いたいのかよくわからないときに、安易に質問を発したりするのは、むしろその人に抑圧感を与え遠ざけてしまうことがある。そういうときは辛抱強くじっと耳を傾けることが大切だ。森の木々も何かを言いたいかもしれないではないか。そこで黙って心静かに聞いてみるということだ。

ワークでは、まず私から現地の森の成り立ちについて科学的な説明をする。雑木林や人工林であれば、人間の関与によって成立した植生であり、関与の程度によってその姿が変わり、今日のように関与が少なくなってくれば、自然の植生遷移が進んでいくことを説明する。また、落ち葉や倒木がいのちの循環を目に見える形で示していることを話す。原生林であれば、一本の大木が寿命により倒れたところに光が差し、次の世代の樹木が育っていくということを説明する。

そのあとで、各自気に入った、あるいは気になる木のそばに移動して、15分間ただ黙って耳を澄ます。それが終わると集まって丸くなり、どう感じたかを皆で共有する。

やってみると、毎回だいたい半分くらいの人が木の声を聞いたと話す。特に若いお母さんたちの感度はすばらしく、ほとんどの人が木と会話している。「木が『大阪のおばちゃん』のようにガンガンしゃべってきた」という話も聞く。しかも木と話したという人は、木からおおよそ同じことを聞いている。「すべてはつながっている」、「安心していいよ」、「ここで待っているよ」というようなことだ。私自身はまだ木の声が聞こえたことはないので、ずいぶんうらやましいことだ。このように「木の声を聞く」ワークは、心の中にどっしり鎮座している「おカネ」の物語を「いのち」の物語で書き換えるための、ささやかなレッスンだ。

ご縁

「日本国」では、目標を達成して成果を出し結果を残すのが大事といわれる。自分が望み努力するならば何でも実現できる、ということが前提とされ、自分がやりたいことを一生懸命やれば道は開けるという。結果を出せたとしたらそれは自分の力であるし、出せなければ自分に力がなかった、努力が足りなかった、ということになる。「できないのはやらないからだ」という理屈だ。それを裏返せば、困ったことが起きてもそれは自己責任ということになる。「日本国」では「何でもできる（はずの）自分」という物語が共有されている。自分が肥大化しているのだ。

ここでブッダの言葉に耳を傾けよう。

「わたしには子がいる。わたしには財がある」と思って愚かな者は悩む。しかし、すでに自分が自分のものではない。ましてどうして子が自分のものであろうか。どうして財が自分のものであろうか。

（中村元訳『ブッダの真理のことば・感興のことば』1978年）

「すでに自分が自分のものではない」とは度肝を抜かれるが、この言葉はいったい何を言おうとしているのだろうか。

自ずから然るべきようになっている世界は、それを構成する生き物や地球のような天体やすべてのもののつながりとその関係によって構造化され運動している。私というのは、一応皮膚で外界と境された肉体として存在するのだが、それは宇宙全体に広がる関係性の一要素、一つの結び目だ。私自身の中に何かがあるわけではなく、私を深めていくとそこにあるものは宇宙全体に広がっている。これが私の解釈である。それは言い換えれば「ご縁」の世界だ。

「あの人とはご縁がありまして」、「これも何かのご縁ですね」など、私たちは日常生活のなかで「ご縁」という言葉を使うことがある。その「ご縁」の世界である。いったいどういうことか、もう少し説明してみよう。

私は若いころ、自分が本当にやりたいことや達成すべき人生の目標は何かを自問していた。その答えは自分の中にあると思っていた。だから自分を見つめ直し、自分の生い立ちを振り返り、自分の好きなことをリストアップし、「強み」や「ウリ」はなんだろうと考えた。私も人並みに「自分さがし」をしていたのだと思う。でも、わからなかった。私はそのうちうすうす気がついた。何か答えがあると思って自己分析し、一つひとつ皮をむいていっても、結局何もない。自分とはタマネギみたいなものなのだと。とはいえ自分が空っぽであることを認めることはなかなか難しい。ひとかどの人間であれ、と私たちは幼い頃から教え込まれてきたからだ。でも、どう考えても空っぽなのだ。

自分がやりたいことは何なのか。私は考え込んだ。おカネ持ちになるとか、地位を得るとか、そういうことではないのは確かだった。業績をあげて歴史に名を残すことだろうか。でも死んでしまってから有名になってもうれしくもなんともない。そもそも有名になればうれしいのか。メディアの中の有名人はちっとも幸せそうに見えないではないか。

では、自己実現だろうか。やっていて何か手応えのあること、夢中になれること、達成感の味わえること、感動できること……時々はそういうことも経験する。しかし、あることを達成しおえて、束の間充実感を味わった後に、ふと感じるつまらなさはいったい何なのだろう。やっているときは夢中でも、達成した瞬間にそれは終わる。考えてみればあたりまえのことだ。では次は何をしたいのか。またふりだしに戻ることになる。そしてまたうろうろする。こういうことをくりかえして一生を終えるのだろうか……という疑問が頭をもたげてくる。

ところが、そうやってうろうろしていたら、まわりの人からちょっとしたことを頼まれたりする。「別にいいよ」と言って引き受ける。それを自分がすごくやりたいとか、思い入れがあるとかいうことではない。でもやってあげると、やけに喜ばれたりする。そうすると、こっちもなんだかうれしくなる。そうしたら、「じゃあ、あなたこういうことができるのね」とさらに頼まれ仕事が舞い込んだりする。

そのうち、けっこう忙しくなる。自分ひとりでできないことも出てくる。すると、今度はこちらが誰かに頼んだりする。「別にいいよ」とやってくれると、とてもうれしい。そうして、気がつけば、一人前に何かをやっているわけだ。

私はこのような経験をとおして、自分が本当にやりたいことは、実は自分の中にはなくて、他の人から頼まれたり期待されたりするものの中にあるのではないかと考えるようになった。たまたま目の前にいる人に対して、自分は何が貢献できるだろう、とだけ考えていればよい。つまり「give and give」ということである。簡単だ。それでいろいろやってあげていると、必ずまわりまわって、自分に足らないところを補ってくれる人が現れる。そのうち同じような姿勢の人ばかりとお付き合いするようになる。そうでない方とのお付き合いは丁重にお断りする。そうすると、とても気持ちよく、楽しく毎日を過ごすことができる。そのときはじめて、あぁ、自分がやりたいことって、こういうことだったか、と思う。

これが「ご縁」の世界である。つまり、「ご縁」の中でしか自分のやりたいこと、やるべきことは見出せないということだ。何かが達成できたとしたら「ご縁」のおかげだし、何かができなかったとしても自分の責任ではない。たまたま「ご縁」に恵まれなかったということだ。結果は出すものではなく出るものだ。自分が自分がと自己主張したり自己否定したりするのはやめて、「ご縁」の網の目にどーんと身を放り投げてみる。何かに迷ったら「ご縁」が少しでも広がる方向に行ってみる。そこで何が起きるかは予期できないが、きっと素敵なことが起きることだけは予期できる。それが自然《じねん》に生きる極意だと私は考えている。

いまを生きる

「日本国」と「生国」で大きく違うことの一つに、時間の流れ方がある。過去・現在・未来と時間は流れるわけだが、「日本国」で一番大事なのは未来だ。未来に達成すべき目標が設定され、それに向けてのプロセスが計画され、それに沿って現在を営む。場合によっては現在を犠牲にする。「いま我慢すれば未来が開ける」という構図は、中高生の受験勉強だけでなく大人になっても同じだ。大企業の終身雇用・年功序列のシステムの中では、いま我慢して頑張れば将来の昇進や昇給が待っている。無事勤め上げれば退職金と年金が付いてきて老後も安泰だ。では老後になってみたらどうなのだろうか。あとは死ぬだけだ。ということは、「日本国」では私たちは死ぬために、いまを犠牲にして頑張っているということなのだろうか。よく考えるとわけがわからなくなる。

「生国」では生き物は季節の移ろいの中で、その瞬間瞬間を生きている。「生国」で一番大事なのは現在だ。生き物たちは過去も未来もなく、いまを生き切っている。過去や未来は人間が考え出した物語だ。もちろん冬に備えてたくさん食べておくとか、食べ物を保存しておくということも動物たちはやるけれども、それは秋の営みとしてその季節を生きているということだ。冬にこれぐらいの食料が必要だからこれだけ貯めておこうと計画してやるわけではない。リスがドングリを地中に埋めて保存するとき、それが余ればそこから芽が出てドングリの木が育っていく。足りなければリスは死んでゆく。すべて自然《じねん》な営みだ。

学生の頃、工事現場の警備員のアルバイトをしていて、ある日小さなビルの建設現場に配置された。行ってみると現場監督は若い人だった。なぜかいろいろ話しかけてくるのでふんふんと聞いていると、現場監督の大変さがよくわかった。現場監督は現場の作業を監督するのが主な仕事ではなくて、その日の作業を段取りするのが主要な仕事だ。たくさんの業者を手配し資材を手配し、道路占有などの行政手続きを行い、警備員を頼み、という段取りを延々とやってはじめてその日1日の作業が行われる。前日の作業が遅れたり天候が悪かったりして、作業計画を組み直したりしたら、段取りは一からやり直しだ。この資材がこの日に間に合うのか、業者は人を手配できるのか、ずっとハラハラしどうしだ。そして立ちはだかる納期の壁。これは絶対だ。納期に近づいて工事が計画よりも遅れがちであれば、生きた心地がしないだろう。現場監督というのはよほどタフな精神の持ち主でなければ務まらないと思った。その現場の若い監督さんは、見るからにもう心身ともにフラフラの状態だった。

人間は未来に殺される。人間が作り出した未来という物語に殺されるのだ。

私が多大な影響を受けた本の一つに、社会学者の真木悠介が書いた『気流の鳴る音』（１９８６年）がある。本書はメキシコの現代のシャーマンの物語なのだが、そのシャーマンは、町の中でふつうの家に住みジーンズをはき、見た目はまるでふつうの人と変わらない。その彼がアメリカの若い文化人類学者に教えを伝授するという話だ。その中で私が特に印象深いシーンがある。二人で町はずれの原野を歩きながら話をしている。師匠は話をするときに、必ず立ち止まる。歩くときは歩くことに集中している。話すときは話すことに集中する。師匠によれば歩くことは単に移動することではなく、大地との交感だ。それを生き切るのが大切だと師匠は諭す。考えてみると、これは人間以外の生き物のふつうの生き方である。つまり「生国」流の時間の流れ方だ。

私がこのことの大切さに気づいたのは、この本を最初に読んでからずっと後のことだった。それからは「日本国」流のやり方から転換するためには、よほどトレーニングが必要だと思った。それで毎日の暮らしの中で自己訓練することにした。通勤する電車に乗っている時間は、それまではムダで退屈な時間だった。目的地に到着することだけが大事だった。そこで、電車に乗っていまを「生き切る」とはどういうことだろうかと考えた。まず自分が感じる感覚に集中してみると、窓の外の景色、車内の人々の表情、さらには加速したり減速したりする感覚など、実にたくさんのことがその場で起きていた。それらに一つひとつ集中してみると、そのおもしろさ、不思議さを感じることができた。じっとその場の時間の流れに全身をひたすような感じでいることを心がけると、その場に自分がしっくりくるような感覚が生まれる。以来、私はどんな場面でもそういうトレーニングを続けるよう努力している。

かつての里山の暮らしの中では、人間も季節が移ろう時間の流れの中で暮らしていた。それは決してスローな暮らしではなく、むしろ季節に追い立てられる、厳しくも忙しい暮らしだった。春に水がぬるめば麦刈り、田起こし、代掻き、田に肥料として入れる柴刈り、と田植えまでにたくさんの仕事がある。秋に稲刈りが終われば、雪が来る前に乾燥、脱穀、調整、貯蔵をすべて終え、麦播きもしなくてはいけない。そのペースは基本的には人間が決めるのではなく、自然《しぜん》が決めていた。山の残雪の形とか、どの花が開いたとか、どの虫を見かけたとか、自然の姿がペースメーカーだった。いま、田舎に移住して農的な暮らしや半農半Xの暮らしを志向する若い人たちは、人間が作り出す忙しさではなく、自然《しぜん》の流れに身を委ねる忙しさを経験する。そのことで自分の中の時間刻みを自然《じねん》な時間の流れに切り替え、いまこの瞬間を生き切る「生国」流の生き方を学んでいるのだと思う。

おわりに

「日本国」では「おカネ」の物語と「何でもできる自分」という物語のおかげで、安定した収入があって「人並み」の暮らし向きができていることが「可」であって、そうでなければ「不可」と親や親戚や「世間」から評価されるし、自分もそう思うようになる。これでは「人並み」以下の人は「不可」となるが、実際には終身雇用・年功序列の方程式に乗っているのは全体の3分の1なので、3分の2の人は、面と向かって言われるかどうかは別にして、「不可」とされるわけだ。これでは生きづらい人が続出してもおかしくない。

「日本国」がすぐに大きく変わるとは思えないので、そこから抜け出して田舎の「村」に移住するというのは一つのありうる選択だ。もちろんいまの「村」はかつての「村」とはその姿を大きく変えている。世帯主の大半が第2種兼業農家で、基本的にはサラリーマンか自営業者だ。かっての「村」は、水路の整備や保守、草刈りのマネージメント、共有林の管理など、コメを作り暮らしていくために必然的に集まり、話し合いをして何かを取り決めそれを守る必要があった。今日では農業基盤整備事業が行きわたったおかげで、水路の保守などは定型的なものとなり、化学肥料の普及のおかげで草刈りは必要なくなったし、共有林の管理も意欲が失われて形骸化している。残っている「村」の重要事項は地域の草刈りとお祭りの運営であるが、祭りについては氏神様の存在を皆が本気で信じているわけではないので、次第に形だけのものになりつつある。2020年の新型コロナ感染拡大で、どこも祭りの行事が縮小されているが、縮小されたまま復活しないところも出てくるだろう。

それでも「村」では依然として、地域の問題は地域の人間で悩み取り組むという、自治の営みが続いている。このままでは消滅してしまうと、移住・定住の取り組みに立ち上がった「村」では、確実に移住者がやってきている。メガソーラー問題が発生した「村」では、皆で何度も話し合い、地域を挙げて反対運動を進めているところも多い。

また「村」は「生国」への入り口だ。いまでも自然の中で過ごし、その割合は下がったとはいえ、春には山菜を採りに山に入り、畑で季節の野菜を育て、田んぼでコメを育て、ときには狩猟で手に入れた肉を食べる。その日常の暮らしによって「生国」に近づくことができ、心の中の物語が書き換わっていく。

もちろん皆が田舎へ移住できるものではない。それぞれの事情があるし、田舎の受け入れキャパシティにも限りがある。その場合でも「村」を訪ね、「生国」に触れることで、心のバランスをとることができる。いま流行の関係人口というやつだ。昨今のキャンプブームもその流れだ。皆、直感的に自分には自然が足りないと感じるのだろう。焚き火ができるという田舎では何でもないことに魅力を感じて、多くの人が週末に田舎にやってくるようになった。都市住民が週末に田舎に通うというのは一過性のブームではなく、多くの先進国でそうであるように、ライフスタイルとして定着すると思う。

田舎は美しいといわれるが、自然や景観が美しいということでは必ずしもない。日本の田舎はこれまで記述してきたように問題山積で、むしろ破壊され劣化したその姿が目につく。それでも田舎にやってくれば「いのち」の物語を体感できるチャンスは豊富にある。そのような経験を通して、「おカネ」と「何でもできる自分」の物語を薄め、自然《じねん》と「ご縁」の「いのち」の物語に書き換えていくことができる。そこに田舎の美しさがあるのだと思う。

「日本国」も変わりつつある。大企業では終身雇用・年功序列の仕組みがもう崩れ始め、心の土台で人々を支えた物語が失われようとしている。多くの人が心の物語を書き換えることができる条件が整いつつある。「日本国」は人々の思い込みだけで成り立っているものなので、たとえば全体の5%の人の心の物語が書き換わったとしたら、「日本国」はうねりを立てて大きく変わり始めるのではないだろうか。明治以降「村」が「日本国」に押し込まれてきたのを逆転させ、

「いのち」の物語で「日本国」を蚕食していきたいものだ。

最近、我が家の里山に、名古屋市やその周辺の都市部から若い人たちが通ってくるようになった。愛知県瀬戸市にある、あいち海上の森の「里山暮らし体験講座」を修了した人たちだ。私も講師の一人として講義を行ったところ、講座が終了してももっとやりたいという。学びのためにお膳立てされたプログラムではものたりない、本物の里山で本物の里山の暮らしを体験してみたいという。我が家はというと、農地があるとはいえほとんど耕作放棄地で、できる範囲で少しずつ里山として再生させようとしているものの、私たちだけできるものではない。若い人たちに来てもらって一緒にやってもらえればありがたい。

私たちはこの里山の土地を購入して所有していることになっているが、それは「日本国」での話であって、「生国」のレベルでは、土地は地球からの借り物であり、生を受けた一時期この場所を受け持つ責任を与えられているのだと思う。生がある限り、この里山を美しく再生して、次の世代に引き渡すのが私たちのミッションだ。その思いに共感してもらえる人たちとともに再生を進めたい。それで我が家の屋号をとって「紺屋《こうや》ラボ」ということにして、私たちが普通にやっている季節の作業を一緒にやってもらうプログラムとした。まずやったのは、耕作放棄地に生えているススキを刈って、草泊まりという草葺きテントのようなものを作った。山菜を採取し、畑の植え付けをやった。山の木を何本か伐って、みんなが休憩したり集える小屋を作る作業もはじめた。

活動にあたっては、「やりたいことだけやる、休みたくなったら断らずに勝手に休む」をルールとして、一日賑やかに過ごしている。参加者にとっては、そこらに生えている植物をとって食べること自体が新鮮な驚きだ。そうやって「生国」と「いのちの物語」に触れる経験をしてもらえることは、私たちにとっても大きな喜びだ。心の物語を書き換えるために、生態系に介入し活用することが、21世紀らしい里山の一つの姿ではないかと思う。


本書を書くにあたり、多くの方にお世話になった。福島とつながるきっかけを作ってくれた戸上昭司さん。里山とは何かということについて多くを学ばせていただいた養父志乃夫和歌山大学教授。豊田市の山村で長年フィールドワークをやる中で多くを学ばせてもらった戸田友介さん、村田元夫さんをはじめ、おいでんさんそんセンターやつくラッセルにかかわる皆さん。その中でもミライの職業訓練校をいっしょに企画運営している仲間たち。恵那市の山村に移住してユニークな暮らしを展開している仲間たち。彼らとの対話の中から本書は生まれた。

本書は2020年の秋から冬にかけて、私がfacebookに「里山の哲学50講」と題して投稿した記事を元に作成したものだ。時々に読み、「いいね」をつけコメントをくれたfacebook友達の皆さんに感謝したい。編集・出版を引き受けてくださったヘウレーカの大野祐子さんにはたいへんなご苦労をおかけした。記して感謝したい。

なお、本書の性格上、参照文献については巻末にリストを掲載するだけで、本文中にいちいち注を示すことはしなかった。著者、出版社の皆様にはご寛恕いただきたい。

２０２１年６月

高野雅夫

参照文献

◆第1章　里山世界と村の成り立ち

養父志乃夫『里地里山文化論〈上〉循環型社会の基層と形成』『里地里山文化論〈下〉循環型社会の暮らしと生態系』農山漁村文化協会、2009年
養父志乃夫『里山・里海暮らし図鑑――いまに活かす昭和の知恵』柏書房、2012年
養父志乃夫『里山里海――生きるための知恵と作法、循環型の暮らし』勁草書房、2016年
佐藤常雄、大石慎三郎『貧農史観を見直す』講談社、1995年
田中圭一『百姓の江戸時代』筑摩書房、2000年
水本邦彦『村――百姓たちの近世』岩波書店、2015年
川田　稔『柳田国男のえがいた日本――民俗学と社会構想』未来社、1998年
宮本常一『忘れられた日本人』岩波書店、1984年
宮本常一『生業の歴史』未来社、1993年
五来　重『仏教と民俗――仏教民俗学入門』KADOKAWA、2010年
五来　重『高野聖』角川学芸出版、2011年
五来　重『日本仏教と庶民信仰』大法輪閣、2014年
青木　保『御岳巡礼――現代の神と人』講談社、1994年
伊藤祐朔『小さな小さな藩と寒村の物語』垂井日之出印刷所出版事業部、2012年

◆第2章　せめぎあう村と国家

宮本常一『忘れられた日本人』岩波書店、1984年

鵜飼秀徳『仏教抹殺――なぜ明治維新は寺院を破壊したのか』文藝春秋、2018年
柘植成實『飯地の歴史（二）』自費出版、2007年
野原敏雄「在来工業の展開と地域経済の役割――岐阜県明知町の製糸工業の場合」『経済地理学年報』第6巻、21-34頁、1960年
金城亜紀「第十九銀行の製糸金融における倉庫の役割」『京都大学経済論叢』第189巻、第4号、39-55頁、2016年
鈴木康夫「明治維新と近代警察制度」『警察政策』第20巻、263-303頁、2018年
澤田道夫「地縁組織の活動の歴史的背景とその現代的意義――町内会・自治会制度をめぐる基礎理論的研究（1）」『アドミニストレーション』第24巻、第1号、ISSN 2187-378X、2017年
佐竹智子「明治期における青年団の生成と展開」『広島大学大学院教育学研究科紀要第三部』第60号、83-92頁、2011年

◆第3章　森と農の物語

宇江敏勝『山びとの記――木の国果無山脈』中央公論新社、1986年
徳山円香「愛知県豊田市における里山の土地利用について――その変遷及び住民による将来構想具現化の支援について」名古屋大学大学院環境学研究科修士論文、2011年
中嶋健造『New自伐型林業のすすめ』全国林業改良普及協会、2015年
暉峻衆三『日本の農業150年――1850年~2000年』有斐閣、2003年
西田美昭、アン・ワズヲ編『20世紀日本の農民と農村』東京大学出版会、2006年
福岡正信『自然農法――わら一本の革命』春秋社、1983年
川口由一『妙なる畑に立ちて』野草社、1990年
石川拓治『奇跡のリンゴ――「絶対不可能」を覆した農家木村秋則の記録』幻冬舎、2011年

◆第４章　水俣と福島から「生国」を学ぶ

あん・まくどなるど、ブランドかおり「日本の伝統を守る海女たち」Our World（https://ourworld.unu.edu/jp/japans-ama-free-divers-keep-their-traditions）２０１０年
石牟礼道子『苦海浄土』河出書房新社、２０１１年
緒方正人『常世の舟を漕ぎて　熟成版』ゆっくり小文庫、２０２０年
緒方正人『チッソは私であった』葦書房、２００１年
小林麻里『福島、飯舘　それでも世界は美しい』明石書店、２０１２年
A.Hiyama, C.Nohara, S.Kinjo, W.Taira, S.Gima, A.Tanahara and J.M.Otaki, "The biological impacts of the Fukushima nuclear accident of the pale grass blue butterfly", *Scientific Reports*, Vol.2, 570, 2012.
W.Taira, C.Nohara, A.Hiyama and J.M.Otaki, "Fukushima's biological impacts: The case of the pale grass blue butterfly", *Journal of Heredity*, 105, pp.710-722, 2014.
C.Nohara, A.Hiyama, W.Taira and J.M.Otaki, "Robustness and radiation resistance of the pale grass blue butterfly from radioactively contaminated areas: A possible case of adaptive evolution", *Journal of Heredity*, Vol.109, pp.188-198, 2017.

◆第５章　「おカネ」の物語から自由になる

ユヴァル・ノア・ハラリ『サピエンス全史——文明の構造と人類の幸福』上・下（柴田裕之訳）、河出書房新社、２０１６年
カール・マルクス『資本論』1、2、3（向坂逸郎訳）、岩波書店、１９６９年
カール・マルクス『経済学・哲学手稿』（藤野渉訳）、大月書店、１９６３年
松尾　匡『「はだかの王様」の経済学——現代人のためのマルクス再入門』東洋経済新報社、２００８年
フレデリック・ラルー『ティール組織——マネジメントの常識を覆す次世代型組織の出現』（鈴木立哉訳）、英治出版、２０１８年
見田宗介『現代社会の理論——情報化・消費化社会の現在と未来』岩波書店、１９９６年

稗島州悟「オフグリッド太陽光発電を用いたライフスタイルの研究」名古屋大学大学院環境学研究科修士論文、２０２０年

◆第６章　解けなくなった人生方程式

小熊英二『日本社会のしくみ――雇用・教育・福祉の歴史社会学』講談社、２０１９年

◆第７章　第２次移住ブームがやってきた

総務省『田園回帰に関する調査報告書』、２０１８年
塩見直紀『半農半Xという生き方』ソニー・マガジンズ、２００８年
小田切徳美『農山村は消滅しない』岩波書店、２０１４年
藤山　浩『田園回帰１％戦略――地元に人と仕事を取り戻す』農山漁村文化協会、２０１５年

◆第８章　「弱さ」の物語

牧野　篤『農的な生活がおもしろい――年収２００円で豊かに暮らす!』さくら舎、２０１４年
牧野　篤『生きることとしての学び――２０１０年代・自生する地域コミュニティと共変化する人々』東京大学出版会、２０１４年
浦河べてるの家『べてるの家の「非」援助論――そのままでいいと思える25章』医学書院、２００２年
斉藤道雄『治りませんように――べてるの家のいま』みすず書房、２０１０年
向井地生良・浦河べてるの家『新・安心して絶望できる人生――「当事者研究」という世界』一麦出版社、２０１８年

◆第９章　自然の哲学

今西錦司『生物の世界』講談社、１９７２年

内山　節『共同体の基礎理論――自然と人間の基層から』農山漁村文化協会、２０１０年
内山　節『ローカリズム原論――新しい共同体をデザインする』農山漁村文化協会、２０１２年
平方浩介『日本一のムダ――トクヤマダムのものがたり』燦葉出版社、２００６年
大西暢夫『僕の村の宝物――ダムに沈む徳山村山村生活記』情報センター出版局、１９９８年
中村元訳『ブッダの真理のことば・感興のことば』岩波書店、１９７８年
真木悠介『気流の鳴る音――交響するコミューン』筑摩書房、１９８６年

著者紹介

高野雅夫（たかの・まさお）

1962年山口県生まれ。名古屋大学大学院環境学研究科教授・博士（理学）。

木質バイオマスエネルギーやマイクロ水力発電などの再生可能エネルギーの技術開発とそれらの普及を通した里山再生について農山村をフィールドとして研究を行う。再生可能エネルギーを普及させるには豊富な自然資源が存在する農山村が持続しなくてはいけないものの、人口減少と高齢化によって集落消滅が進む事態に直面していることを知る。そこで、愛知県豊田市の山村部を主なフィールドに、若者の移住支援を中心にした農山村地域再生の研究および実践に取り組む。

また、2014年4月に立ち上がった、大学と社会との連携を進める名古屋大学・臨床環境学コンサルティングファームの部門長として、自治体や企業、NPOに対して持続可能な地域づくりのためのコンサルティング活動を進めている。2013年には国連の専門家会議で日本の里山がもつ持続可能な社会づくりにとっての意義について報告した。

主な著書に『人は100Wで生きられる』（大和書房、2011年）、編著に『持続可能な生き方をデザインしよう』（明石書店、2017年）、共著に『千年持続社会——共生・循環型文明社会の創造』（資源協会編、日本地域社会研究所、2003年）、『市民参加型社会とは——愛知万博計画過程と公共圏の再創造』（町村敬志、吉見俊哉編、有斐閣、2005年）などがある。

自然《じねん》の哲学
おカネに支配された心を解放する里山の物語

2021 年 8 月 20 日 初版第 1 刷発行
2023 年 6 月 6 日 初版第 2 刷発行

著　者　高野雅夫

発行者　大野祐子 / 森本直樹
発行所　合同会社 ヘウレーカ
https://www.heureka-books.com/
〒 180-0002 東京都武蔵野市吉祥寺東町 2-43-11
TEL : 0422-77-4368
FAX : 0422-77-4368

装　幀　末吉 亮（図工ファイブ）
カバーイラスト　上坂元 均

印刷・製本　精文堂印刷株式会社

ISBN 978-4-909753-10-6 C0036